死んだらどうなるのか？

死生観をめぐる6つの哲学

伊佐敷隆弘

亜紀書房

・はじめに 006

第一部

日本人の死生観のさまざまな源泉

第一章・生まれ変わりと不死の生――輪廻と往生 015

輪廻／仏教の地獄には終わりがある／地獄で仏／極楽浄土
悟り／なむあみだぶつ／あみだくじ・チクショウ・ガキ

第二章・山の上から子孫を見守る――盆という習慣 039

先祖の魂がやってくる／盆は仏教の行事ではない／盂蘭盆経
魂祭りとしての盆／山の上から見守る先祖

目次

第三章・子孫の命の中に生き続ける
――儒教における「生命の連続体」としての家 059
位牌の起源／子孫を残す義務／生命の連続体としての家／積善の家

第四章・一度きりの人生
――キリスト教における天国と地獄 081
神による無からの創造／神による時間の創造／宇宙の終わりと最後の審判
死から最後の審判までの間／天国からこの世が見えるか

第五章・日本の文化は雑食性か 103
複数の死生観の積み重なり／クリスマスはなぜ十二月二十五日なのか
ハロウィーン・イースター・マリア崇拝

第二部

心身問題を考える

第六章・魂の存在を証明できるか——デカルトの試み　123

魂は不滅なのか／魂不滅の証明の仕組み／悪霊にだまされる私

我思う故に我あり／私の心は不滅か／私の心は身体なしで存在できるか

「可能性」をめぐる複雑な議論／「可能世界」概念を使って整理する

第七章・世界が物質だけなら心はどこにあるのか——自然科学と心のゆくえ　163

心と脳は同じものか／感情の正体は電気と化学物質の流れか

主観的な視点とは何か／主観的視点の存在論的身分／物心二元論と物質一元論

第八章・死ぬのは私だ――私とは誰か 193
心は脳の機能か／のび太ロボット――機械の体で永久に生きる
のび太君が二人／主観的視点の枝分かれ／どちらとして目覚めるか
主観的視点は一つだけ／言葉の限界／死ぬのは私だ／心身問題との関係

第九章・関係としての心――死んで自然に還る 227
千の風になって／生きかわり死にかわり／100万回生きたねこ／土に還る
自然の一部としての身体／身体と環境からなるシステムの機能としての心
関係としての心／主観的視点の消滅と残存する心

・対話を終えて 261
・あとがき 266
・読書案内 270

はじめに

死んだらどうなるのか。人間は大昔から必死に考えてきた。愛する者と死別する悲しみは昔も今も変わらない。悲しみの中で、「あの人はどうなったのだろう。今どうしているのだろう」と、どうしても考えてしまう。そして、身近な人の死を何度も経験すると、「自分もいつか必ず死ぬのだ」ということが少しずつ実感されてくる。

他人の死であれ、自分の死であれ、人間は大昔から、「死んだらどうなるのか」について懸命に考えてきたが、皆が納得できる答えはまだ見つかっていない。では、どうするか。これまでに人間が獲得したさまざまな考え方を知った上で、各人が自分の頭で考えるしかないだろう。本書の目的は、そのためのヒントを提供することである。

本書は対話形式で書かれている。第一部の「日本人の死生観のさまざまな源泉」では、哲学教師のT先生と男子学生のS君が対話する。日本人の死生観は、「他の人間や動物に生まれ変わる」、「別の世界で永遠に生き続ける」、「すぐそばで子孫を見守る」、「子孫の命の中に生き続ける」、「自然の中に還る」などのさまざまなパターンが地層のように積み重なっている。本書では、それぞれのパターンについて、その源泉にまでさかのぼって、くわしく見ていく。本書を読むことによって、読者は自分の死生観がどのようなパターンの組み合わせなのか知ることができるだろう。

第二部の「心身問題を考える」では、女子学生のQさんも加わり三人で対話する。ここでは哲学的にかなり突っ込んだ議論がおこなわれる。心身問題とは、「心は身体なしで存在できるのか」という哲学上の難問である。多くの死生観は、何らかの「死後の生」が存在することを肯定し、「身体が死んだあとも魂は存在し続けて、生まれ変わったり、あの世に行ったりする」と考えている。そのような死生観は、「心は身体なしで存在できる」という考え方と結びつきやすい。他方、「心は身体なしでは存在できない」という考え方は、『死後の生』というようなものはない。死とは完全な消滅である」という考え方と結びつきやすい。このように、死生観と心身問題は密接に関連している。

読者自身も、「もう一人の対話者」として、本書の対話に参加して欲しい。そして、そこから何かヒントを見つけてもらえたら、こんなにうれしいことはない。

第一部

日本人の死生観のさまざまな源泉

季節は春。窓の外は桜が満開だ。哲学担当のT教授の研究室に学生のSくんがやってきた。

T先生 やあ、久しぶりだね。ずいぶん会ってなかったけど、元気だったかい。

Sくん 実は、祖母が亡くなって、いろいろばたばたしていました。

T先生 そうか。知らなかったよ。おばあさんは、おいくつだったの。

Sくん 八十七歳でした。僕はおばあちゃん子だったので、とてもつらかったです。

T先生 うん……。つらかったろうね。

Sくん ……人間はなぜ死ななければならないんでしょうか。

T先生 うん、なぜだろう。「**生まれてきた以上、死なないものはない。死は命あるもののさだめだ**」。こういう言い方があるけど、これで納得するのは難しいね。

Sくん ええ、「生と死はうらおもてだ」っていうのも聞いたことがありますけど、不死というのがもしあるなら、生と死はうらおもてではなくなりますよね。

T先生 そうだね。「もし不死だったら、そのうち退屈するだろう」と言う人もいるけど、だからって、それは「人間が死ななければならない」理由にはならないよね。

Sくん 祖母とは、僕が物心ついたときから、ずっと一緒にいました。そういう人がいなくなるって、すごく不思議な感じがします。

T先生 うん、「いたのに、いない」というのは不思議だよね。

Sくん 今までずっと、いるのが当たり前でしたから、「もうどこにもいないんだ」という気持ちになれません。

T先生 今もどこかにいるような気がするのかな？

Sくん ええ、「消えてなくなった」って感じはしません。

T先生 死んだ人がどこかにいるという感覚は多くの人が持つものだね。

Sくん 僕の祖母も今どこかにいるんでしょうか。

T先生 人間はいつか死ななければならないとすると、私も君もいつか死ななければならないわけだ。S君は自分が死んだあと、どこかに行くと思ってるかい。

Sくん 僕は、宗教は特に信じていません。だから、「死後の世界」みたいなものは信じてないです。

T先生 すると、自分が死んだら、「無」になってしまうということかい？

Sくん そうですね。そんな感じです。

T先生 そうすると、S君は死んだおばあちゃんはどこかにいるような気がするけど、自分に関しては、死んだらそれっきり無くなってしまうと思っているわけだ。

Sくん　そうです。

T先生　矛盾してるね。

Sくん　あ、そうか。そうですね。矛盾してますね。

T先生　「矛盾してるから悪い」ということもないけどね。私たちは、死について、自分の中にいろいろな考え方を持っている。それらの考え方の中には互いに矛盾しているものもある。というのは、人間は大昔から、「死んだらどうなるのか」ってことについて、いろいろ考えてきたんだ。そして、それらのいろいろな考え方がいつのまにか自分の心の中に入り込んでいるから、一人の人間の中に矛盾した複数の考え方があっても不思議じゃない。

Sくん　僕の中にも矛盾した二つの考え方があるってことですか。

T先生　そう思うよ。もしかしたら、二つよりもっと多いかもしれない。

Sくん　へえ、祖母が亡くなるまで、あまり考えたことがありませんでした。僕の心の中にはどんな考え方があるんだろう。

T先生　うん。「死んだらどうなるのか」についての考え方には、大きく分けて、六つのパターンがある。一人の人間の中に、それら六つの考え方が、人によって違った割合で混ざっているんだ。どれか一つの割合がものすごく大きくて他の五つがほとんどゼロの人もいるだろうけど、多くの人は二つか三つの考え方が同じくらいの大きさで混ざっていると思うよ。

Sくん 六つもパターンがあるんですか。

T先生 そうだよ。知りたいかい。

Sくん ええ、ちょっと興味があります。僕自身がどんな考えなのか、知りたいですから。

T先生 じゃあ、今から説明してみるよ。まず、六つのパターンを全部あげておくね。

1 他の人間や動物に生まれ変わる
2 別の世界で永遠に生き続ける
3 すぐそばで子孫を見守る
4 子孫の命の中に生き続ける
5 自然の中に還る
6 完全に消滅する

この六つのパターンだよ。

Sくん いろいろなパターンがあるんですね。これらが一人の人間の心の中で混ざっているんですか。

T先生　そうだよ。人によって混ざる割合はそれぞれ違うけどね。まず「生まれ変わり」から説明しようか。

第一章

生まれ変わりと不死の生

輪廻と往生

Sくん　「生まれ変わり」で思い出しました。有名人の中には、「自分は歴史上の人物の生まれ変わりだ」と言う人がいますけど、「変なことを言う人だな」って僕は思いますよ。

T先生　昔の日本人にとっては、「生まれ変わり」というのは、少しも変じゃなかったんだよ。

Sくん　本当ですか。

T先生　落語に「もと犬」というネタがある。

Sくん　もと犬？

T先生　一匹の白い犬が人間に生まれ変わるという話だよ。人間になりたくて、お寺に何度もお参りしたら、願いがかなって人間になれたんだ。「元(もと)が犬」だから「もと犬」というわけさ。

Sくん　でも、それは落語というフィクションの中での話ですよね。

T先生　S君は地獄絵(じごくえ)を見たことがあるかい。

Sくん　地獄絵って地獄のようすを描いた絵のことですか。

T先生　そうだよ。鬼が亡者（もうじゃ）を火あぶりにしたり、嘘つきの舌を引っぱり出して釘を打ち付けたりしている絵だ。

Sくん　見たことはあります。

T先生　昔の人は「悪いことをした人間は地獄に堕ちる（お）」と信じていた。

Sくん　それは聞いたことがあります。でも地獄に堕ちることは生まれ変わりとは違うんじゃないでしょうか。

T先生　いや、地獄に堕ちるというのは、地獄に生まれ変わるということなんだよ。

Sくん　え、ちょっと待ってください。じゃあ、地獄に堕ちたときは、みんな赤ちゃんになるんですか。

T先生　いやいや、赤ん坊の形で生まれ変わるわけじゃない。死んだときの姿だ。

Sくん　う～ん、やっぱり生まれ変わりとは違うような気がします。

T先生　S君は「**輪廻**（りんね）」という言葉を知ってるかい。

Sくん　ええ、知っています。「生まれ変わり」と同じ意味ですよね。

T先生　うん、だいたい同じ意味だ。「輪廻」というのは仏教の言葉だけど、一番くわしい輪廻説は「**六道輪廻**（ろくどうりんね）」と言って、「六つの世界を生まれ変わる」という説だよ。

Sくん　六つの世界ってどんな世界ですか。

T先生　天道、人道、修羅道、畜生道、餓鬼道、地獄道の六つだ。これを六道と呼ぶんだよ。

Sくん　あ、地獄が入ってますね。

T先生　そのとおり、地獄も生まれ変わる行き先の一つだ。

Sくん　ふ～ん、悪いことをしたら地獄に生まれ変わる。じゃあ、善いことをしたらどこに生まれ変わるんですか。

T先生　天道が一番よくて、次が人道、だんだん下がって、最悪なことをしたものが生まれ変わる世界が地獄道だよ。

Sくん　ちょっと待ってください。輪廻というのは、ぐるぐる回るから「輪廻」と言うんですよね。

T先生　そうだよ。

Sくん　でも、地獄に堕ちたら、それっきりじゃないですか。地獄から別の世界に生まれ変わることがあるんですか。

T先生　**仏教の地獄には終わりがある**んだよ。

仏教の地獄には終わりがある

Sくん 地獄に終わりがあるなんて初めて聞きました。天国や地獄で永遠に暮らすんだと思っていました。

T先生 それはキリスト教の天国や地獄の場合だよ。キリスト教の地獄は堕ちたらそれっきりだ。二度と出られない。でも、仏教の地獄には終わりがある。

Sくん どのくらいいれば地獄から出られるんですか。

T先生 だいたい一兆六千億年だね。

Sくん えーっ。そんな長い間生きてられないですよ。

T先生 地獄では、決まった寿命が来るまで死ねないんだよ。鬼に切り刻まれて身体がばらばらの肉片に分かれても、鬼が鉄の棒で地面を叩きながら「生き返れ、生き返れ」と唱えると、一つの身体に戻るんだ。そして、また切り刻まれる。

Sくん 一兆六千億年かあ。ずいぶん長いですね。

T先生 これは地獄の中でも一番楽な地獄の場合だ。

Sくん 楽な地獄ってことは、もっとつらい地獄があるんですか。

T先生　八大地獄と言って、大きな地獄が八つある。上から順に、「等活地獄」「黒縄地獄」「衆合地獄」「叫喚地獄」「大叫喚地獄」「焦熱地獄」「大焦熱地獄」「無間地獄」の八つだ。下の地獄ほど鬼から受ける拷問が苛酷になる。生きているときに犯した罪が重い人ほど、下の地獄に生まれ変わる。今言った「一兆六千億年」というのは一番上にある等活地獄に堕ちた場合の寿命だよ。それより下の地獄だとさらに長い。

Sくん　T先生は地獄のようすにくわしいですね。地獄にいたことがあるんですか（笑）。

T先生　あはは（笑）。あったとしても覚えてないよ。日本人の地獄のイメージは、十世紀に源信（九四二～一〇一七）という僧侶が書いた『往生要集』という本が元になっているんだ。この本の最初の方に地獄のようすがくわしく描写されている。地獄のようすを知りたかったら、この本を読んだらいい。

Sくん　一兆六千億年も待たずに、もっと早く地獄から抜け出す方法はないんですか。

T先生　言っとくけど、「一兆六千億年経ったら確実に地獄から抜けられる」わけじゃないよ。地獄に再び生まれ変わる可能性だってあるんだから。

Sくん　えっ、そんな。

T先生　死んで別の人間に生まれ変わる場合は、「人道から人道に生まれ変わった」ということだよね。地獄から地獄への生まれ変わりがあったっていいだろ。

Sくん　地獄に生まれ変わったら、また一兆六千億年待つんですか。

T先生　いや、もっと早く地獄から抜け出す方法はあるよ。

Sくん　それは何ですか。ぜひ知っておきたいです。

地獄で仏

T先生　**地獄から抜け出したかったら、地蔵菩薩（じぞうぼさつ）を探す**のが一番だ。

Sくん　地蔵菩薩って、お地蔵様のことですか。

T先生　そうだ。お地蔵様だ。菩薩というのは、もともとは「悟るために修行している人」のことだ。地蔵菩薩は悟ったから本当は仏陀（ぶっだ）になれるんだけど、みんなを救うために、あえて菩薩のままでいるんだよ。

Sくん　菩薩なのに地獄にいるんですか。

T先生　そうだよ。悟ったから六道から離れることができるんだけど、地蔵菩薩はあえて六道にとどまっているんだ。「地獄で仏（ほとけ）に会ったよう」という言葉があるけど、これは地蔵菩薩のことだよ。

Sくん　ふーん、地獄にだけ地蔵菩薩はいるんですか。

T先生　いや、六道それぞれにいるよ。「六地蔵」と言って、六体の地蔵が並べられていることが多いんだけど、これは六道の「六」のことだという説がある。

Sくん　分かりました。もし地獄に堕ちたら、「お地蔵様を探せ」を忘れないようにします。まあ、それより、天道に生まれ変われるように善いことをした方がいいかな。天道で永遠に幸せに暮らしたいですから。

T先生　ちょっと待って。天道に生まれ変わっても寿命はあるよ。

Sくん　えーっ、地獄で寿命があるだけじゃなく、天道でも寿命があるんですか。

T先生　S君は天道と天国を混同しているみたいだね。

Sくん　「天道」は仏教で、「天国」はキリスト教ですよね。ちゃんと分かってますよ。

T先生　いや、**キリスト教の天国に相当するのは、仏教の場合、浄土**（じょうど）だよ。天道じゃないよ。

Sくん　こんがらがってきました。

極楽浄土

T先生 **六道というのは別名「穢土（えど）」**とも言う。「汚（けが）れた世界」という意味だ。地獄道も人道も、そして、天道ですら、汚れた世界なんだよ。

Sくん それは輪廻し続ける世界だからですか。

T先生 そうだね。**「煩悩（ぼんのう）によって汚れている世界」**という意味だ。「煩悩」というのは、欲望や怒りや執着など、自分の苦しみの元になるもののことだ。穢土は「ここにいる限り、いつか必ず死ななければならない世界」なんだね。穢土に対して、汚れていないのが浄土だよ。

Sくん あっ、浄土の「浄」は清浄の「浄」ですか。

T先生 そのとおり。浄土に行けたら、一切の苦しみから解放される。死という苦しみもない。だから、二度と死なない。そして、永遠に幸福に生きていくんだよ。キリスト教の天国と同じだ。

Sくん じゃあ、**仏教の場合、地獄には終わりがあるけど、浄土には終わりがない**んですね。

T先生　そうだよ。生きているときはいろいろな苦しみがある。仏教では、生まれること、老いること、病むこと、死ぬことの四つを「四苦(しく)」と言う。そして、愛別離苦(あいべつりく)（愛する者と別れる苦しみ）、怨憎会苦(おんぞうえく)（嫌いな人と会わなければならない苦しみ）、求不得苦(ぐふとくく)（欲しいものが手に入らない苦しみ）、五蘊盛苦(ごうんじょうく)（心身を構成する要素から生じる苦しみ）の四つの苦しみと合わせて、「八苦(はっく)」と言う。

Sくん　それって「四苦八苦(しくはっく)」のことですか。

T先生　そのとおり。浄土ではこれらの苦しみも一切ないんだよ。

Sくん　どうすれば浄土に行けるんですか。善人が人道から天道に生まれ変われるんでしたよね。じゃあ、浄土に行けるのは、さらに究極の善人ですか。

T先生　違うね。善悪は関係ない。

Sくん　どういうことですか。

T先生　**浄土に行くには二つの方法がある。一つは悟(さと)ること**だ。

Sくん　「悟る」って何を悟るんですか。

T先生　世界の真の姿さ。世界の真の姿を悟れば、自分がなぜ苦しんでいるかも分かるし、その苦しみから抜け出すこともできる。

Sくん　T先生は悟ったことがあるんですか。

T先生　ない。

Sくん　じゃあ、悟りの中身をどうして知っているんですか。

T先生　実にいい質問だね。悟りの中身は悟った人にしか分からない。だから、「悟り」についていて私が今言ったことはみな推測だよ。

Sくん　なあんだ。

T先生　仏教の開祖である**ゴータマ・シッダールタ**は悟った人だ。

Sくん　お釈迦(しゃか)様のことですね。

T先生　そうだよ。ゴータマ・シッダールタは前五世紀に生まれたといわれている。彼はシャカ族の王子だったから、「釈迦牟尼仏陀(しゃかむにぶっだ)」とも呼ばれている。「ムニ」はインドの言葉で「聖者」、「ブッダ」は「悟った人」という意味だよ。つまり、「シャカ族出身の聖者であり、悟った人」というのが「釈迦牟尼仏陀」の意味だ。

Sくん　昔のインドでは漢字を使っていたんですか。

T先生　それはないよ。漢字は中国の文字だ。「釈迦」も「牟尼」も「仏陀」も、全部、インドの言葉の音に合わせた当て字だよ。音を写した、つまり、音写（おんしゃ）したんだ。使われている漢字の意味はまったく関係がないよ。

Sくん　そうなんですか。知りませんでした。

T先生　昔、暴走族が「夜露死苦」なんて書いたのと似たようなものだよ。

Sくん　なんですか、その「夜露死苦」というのは。

T先生　「よろしく」だよ。

Sくん　はあ。

T先生　インドの言葉で「ブッダ」は「悟った人」のことだから、中国に仏教が伝わったとき、意味に基づいて「覚者（かくしゃ）」という訳語も作られたんだ。だけど、「ブッダ」を音写した「仏陀」という訳語の方が生き残ったんだね。えーと、何の話をしていたんだっけ。

Sくん　お釈迦様が悟ったという話です。

T先生　そうだ、そうだ。ゴータマ・シッダールタは二十九歳のときにシャカ族の王子の地位を捨てて修行を始めた。そして、三十五歳のときに悟ったんだよ。そのとき、彼は、喜びに包まれ、その喜びをひとり静かに味わったそうだ。だから、悟るというのは喜びなんだね。でも同時に、「悟りの中身を人に伝えるのは無理だ」と彼には思われたから、一度は、誰にも言わないことにしたらしいよ。もっとも、結局、言うことに決めたから、仏教が現代にまで伝わったんだけどね。

Sくん　お釈迦様がそのとき悟った世界の真の姿って何だったんでしょうか。

T先生　分からない。仏教の本には、そのときの悟りの中身は「縁起説（えんぎせつ）」であるとか「四諦説（したいせつ）」であるとか書いてあるけど、私にはそうは思えないね。

Sくん　なぜですか。T先生は悟ったことがないのに、なぜ違うって分かるんですか。

T先生　「縁起説」や「四諦説」の説明を読んでも、少しもうれしくならないもの。ゴータマ・シッダールタは悟ったとき喜びに包まれたんだよ。でも、私は喜びは感じなかったなあ。まあ、「言葉だけ知っても悟りの中身は分からない」ということだろうね。結局、悟りの中身を知るには、自分で悟るしかないということだと思う。

Sくん　どうすれば悟れるんでしょうか。

T先生　まず、生活と心を整え、その上で、学んで、考えて、感じて、瞑想（めいそう）すれば、悟る場合もある、ということのようだ。

Sくん　じゃあ、T先生もそうしてみたら、いかがですか。悟れるかもしれませんよ。

T先生　無理だよ。まず、生活が全然整っていないもの。「食べすぎだ」「寝不足だ」と言っているようじゃ、悟れる生活にはほど遠いな。それに、仕事に追われて心も雑念だらけだ。想定外のことが起こるとすぐに動揺するしね。悟るためのスタートラインにも立ってないな。「悟るのは自分には無理だ」ということだけは分かったよ。

Sくん 悟るのは、普通の人には無理かもしれないですね。

T先生 出家して、街を離れ、静かな環境で、規則正しい生活をし、心をいつも平静に保ち、瞑想にふけって……。そこまでやって、悟る可能性が初めて生まれるのかもしれない。もちろん、テレビ・ラジオやインターネットなんか気にしていたら、だめだろうね。

Sくん 現代社会でそんな生活をするのは不可能じゃないでしょうか。

T先生 不可能かどうかは分からないけど、すごく難しいのは確かだろうね。

Sくん でも、悟れないと浄土に行けないのなら、誰も浄土に行けないことになりませんか。

T先生 うん、「悟る」という方法しかないなら、そうなる。でも、もう一つ方法がある。

なむあみだぶつ

Sくん ああ、そうでした。浄土に行く方法は二つあるんでしたね。もう一つの方法は何ですか。

T先生　既に悟った人の力にすがることだよ。

Sくん　「悟った人」って「ブッダ」ですよね。

T先生　そのとおり。**ブッダの力にすがれば浄土に行ける。**

Sくん　お釈迦様の力にすがるということですか。

T先生　釈迦以外にもブッダ（悟った人）は何人もいるよ。日本の場合、信じている人の数が多いのは阿弥陀仏陀（あみだぶっだ）すなわち**阿弥陀仏**だろうね。

Sくん　「ナムアミダブツ」の「あみだぶつ」ですか。

T先生　そう。「南無（なむ）阿弥陀仏」の阿弥陀仏だよ。

Sくん　「阿弥陀仏」もインドの言葉を音写した訳語ですか。

T先生　そのとおり。「アミダ」というのは「無限の光」「無限の寿命」という意味らしい。だから、阿弥陀仏のことを「無量光仏（むりょうこうぶつ）」とか「無量寿仏（むりょうじゅぶつ）」と呼ぶこともあるよ。これらは意味に基づいた訳語だね。

Sくん　「南無」も音写ですか。

T先生　そうだよ。「ナム」というのは「帰依（きえ）する」つまり「信じる」「すがる」という意味だ。だから、**「南無阿弥陀仏」は「私は、阿弥陀仏を信じ、阿弥陀仏にすがります」と**

いう意味になるね。

Sくん へえ、そうなんですか。そんな意味だなんて知りませんでした。

T先生 阿弥陀仏は、自分にすがってくるものを浄土に連れてこれる超能力を持っている。神通力（じんつうりき）だ。

Sくん すごいですね。

T先生 阿弥陀仏も悟る前は「法蔵菩薩（ほうぞうぼさつ）」という名前の普通の人だったけど、悟った結果、神通力を持つようになったんだ。

Sくん 悟った結果、菩薩から仏陀に変わったんですね。

T先生 そうだね。自ら悟れない人（仏教では「凡夫（ぼんぷ）」と言う）も、先に悟った人（すなわち仏陀）にすがれば、浄土に行ける。「浄土教」と言って、二千年くらい前にインドで生まれた教えだ。煩悩を無くすことができない凡人にとってありがたい教えだね。

Sくん へえ、いいですね。普通の人が悟るのは無理だから、これは便利ですね。

T先生 「便利」って……。心の底からすがらないと阿弥陀仏は迎えに来てくれないよ。

Sくん 迎えに来てくれるんですか。

T先生 そう。臨終のときに、たくさんの菩薩たちと一緒に浄土から迎えに来てくれる。浄土は、夕日の沈む西の方のはるか遠くにある別の世界だからね。

Sくん　「六道輪廻」というお話でしたけど、浄土も入れたら、七道になりませんか。

T先生　浄土に行くことは「輪廻」とは言わない。不死になるからね。だから、浄土に行くことは「輪廻」とは言わず「往生」と言う。さっき、八大地獄の話をしたときに源信の書いた『往生要集』のことを話したけど、この本の最初の三分の一は地獄をはじめ六道のようすを描いている。残り三分の二は往生するための方法、つまり、阿弥陀仏に迎えに来てもらう方法を説明している。この本は、いわば「往生するためのマニュアル本」だ。**浄土に行ったら、もう他の世界に生まれ変わることはない**んだ。

Sくん　そう言えば、「祖父は百歳で亡くなりました。大往生(だいおうじょう)でした」みたいな言い方をしますね。

T先生　うん。「大往生」は「長生きして死ぬ」という意味で使う人が多いけど、本来は「苦痛や心の乱れがなく安らかに死ぬ」という意味だよ。

Sくん　六道の中をぐるぐる生まれ変わるのが「輪廻」で、浄土に行くのが「往生」ですね。

T先生　そうだよ。**穢土である六道を輪廻することは苦しみであり、他方、浄土に往生することは喜び**だ。これが、仏教の価値観だね。

Sくん　「極楽(ごくらく)浄土」というのは「浄土」と同じですか。

T先生　極楽浄土は阿弥陀仏のいる浄土だ。実は、他にも浄土はあって、阿閦仏の妙喜浄土、薬師仏の浄瑠璃浄土、釈迦仏の無勝荘厳浄土などがある。でも、極楽浄土が一番有名だろうね。

あみだくじ・チクショウ・ガキ

Sくん　「あみだくじ」って阿弥陀仏と関係あるんですか。

T先生　あるよ。現代のあみだくじは、平行に引いた縦線の間に短い横線を入れるけど、昔のあみだくじは、放射状に引いた線の間に短い線を入れたんだ。この放射状の線が阿弥陀仏の背後にある光（「後光」とか「光背」と呼ばれている）に似ているから、「阿弥陀籤」と呼ばれるようになったんだ。

Sくん　「チクショウ」って、くやしいときに言いますけど、六道の一つの「畜生道」と関係がありますか。

T先生　あるよ。さっきも言ったけど、六道輪廻の考え方だと、六道にはランク付けがあって、一位が天道、二位が人道、三位が修羅道、四位が畜生道、五位が餓鬼道、六位つまり最下位が地獄道（じごくどう）だ。だから、畜生道にいる動物たち（鳥や獣や虫や魚たち）は、前世で悪いことをした報いで畜生に生まれ変わったと考えられているんだよ。

Sくん　なんだか、動物を見くだしてますね。

T先生　そうだね。だから、「あん畜生め（あの畜生め）」というのは、他人に対する悪口で、「あいつは、まともな人間とは思えない。動物並みに劣っている」という意味なんだ。

Sくん　今はあんまり使わない言い方ですね。

T先生　そうだね。思い通りにいかないことがらに対する罵り（ののし）として「チクショウ」と言う場合の方が多いだろうね。

Sくん　その場合、ことがらに対して「この動物め」と言って罵ってるんですか。

T先生　そうだよ。

Sくん　変な感じですね。

T先生　言葉は使われているうちに、語源のことは忘れられていくからね。S君は自分を奮い立たせるときに「くそ、負けてたまるか」なんて言わないかい。

Sくん　たまに言います。

T先生　この「くそ」を漢字で書けば「糞（くそ）」だよ。

Sくん　言われてみれば、そうかも。

T先生　「自分がぶつかっている困難は糞みたいなものだ、大したものじゃない」という意味だろうね。

Sくん　もう一つ思いついたんですけど、小さな子どものことを「ガキ」って言いますよね。あんまり品のいい言い方じゃないですけど。これも六道の一つの「餓鬼道」と関係ありそうですね。

T先生　そのとおり。餓鬼道のランクは地獄道の一つ上だけど、やはり悪いことをした人が堕ちる世界だ。ケチだったり、欲張りだったりした人間が行く。餓鬼たちは、その名のとおり、いつも飢えている。食べ物を見つけて食べようとすると、その食べ物が炎(ほのお)になって燃え上がり、どうしても食べることができないんだ。

Sくん　でも、なぜ、小さな子どもを「ガキ」と言うんですか。

T先生　子どもはいつも「おなかすいた、おなかすいた」と言っているからさ。現代の子どもはそうじゃないかもしれないけど、昔、ほとんどの人が貧しかった時代は、子どもたちはいつもおなかをすかしていたからね。「飢えている餓鬼」のようだったんだよ。私もそうだったな。

Sくん　仏教のいろいろな言葉が日本語には入っているんですね。

T先生　そうだね。仏教は元々インドで二千五百年ほど前に生まれた宗教だけど、中国と朝鮮を経由して、千五百年ほど前に日本に入ってきた。そのとき、輪廻つまり「生まれ変わり」の考え方も入ってきたわけだね。

Sくん　なるほど。**輪廻の考え方が、「死んだらどうなるのか」の六つのパターンの一つめ、「他の動物や人間に生まれ変わる」**ですね。

T先生　そうだよ。そして、**「浄土に往生する」というのは、二つめの「別の世界で永遠に生き続ける」というパターン**に相当するね。この「浄土に往生する」という考えは、インドで二千年くらい前に生まれたんだけど、日本では千年くらい前から人々の間にすごく広まったんだ。さっき言った源信の『往生要集』のころからだよ。浄土に往生する場合は、別の人間になることはない。今の自分のまま浄土に行くんだ。

（S君は独り言をつぶやいた）

Sくん　僕のおばあちゃんも生まれ変わったのかなあ。でも、他の人になってたら、なんか嫌だな。動物になってるのも嫌だし……。それとも、浄土にいるのかな。でも、浄土なんて本当にあるのかなあ……。

まとめ

❖ 仏教によれば、**輪廻(りんね)は苦しみ**であり、**往生(おうじょう)は喜び**である。

❖ 六道輪廻(ろくどうりんね)とは、**六つの世界をぐるぐる生まれ変わる**こと。

❖ 六道のどこに生まれ変わるかは**因果応報(いんがおうほう)で決まる**。
悪いことをした人ほど、悪い世界に生まれ変わる。最悪なのが地獄。

❖ 仏教の**地獄には終わりがある**。
一兆六千億年以上経てば地獄から抜け出せる可能性がある。

❖ **六道は穢土(えど)**であり、**極楽(ごくらく)は浄土(じょうど)**である。

❖ **往生とは極楽浄土に行くこと**。
極楽浄土には四苦八苦はない。往生すれば不死になる。

❖ 往生できるかどうかは**因果応報では決まらない**。
悟るか、ブッダの力にすがれば、往生できる。

❖ **阿弥陀仏にすがれば**、臨終のとき阿弥陀仏が迎えに来て、**極楽浄土に連れていってくれる**。

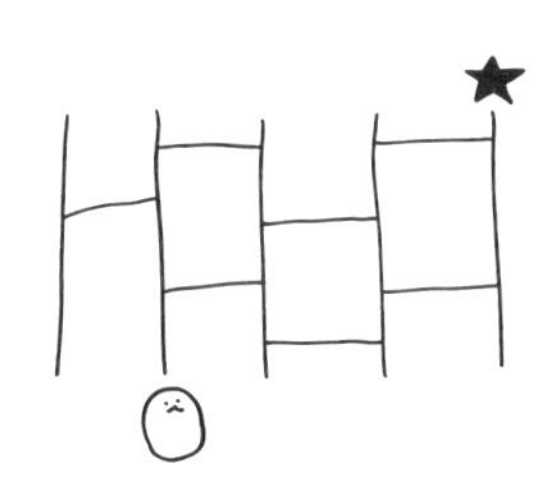

037

1

生まれ変わりと不死の生

輪廻と往生

第二章

山の上から子孫を見守る

盆という習慣

先祖の魂がやってくる

T先生　S君、浄土みたいに遠くの世界に行くんじゃなくて、すぐそばから見守っているという考え方もあるよ。

Sくん　仏教の中にですか。

T先生　いや、仏教とは別の考え方だ。

Sくん　「すぐそば」ってどのくらいですか。

T先生　「あのあたり」と指さすことができて、目で見えるくらいの距離だね。「一日のうちに歩いて往復できるくらいの距離」と言ってもいいかな。

Sくん　「草葉（くさば）の陰（かげ）」から見守っているんでしょうか。

T先生　違うよ。「草葉の陰」というのは、「草の葉っぱの下」すなわち「墓の中」という意味だけど、墓の中から見守っているわけじゃない。

Sくん　お墓じゃないとしたら、どこからですか。

T先生　山の上だよ。**山の上から子孫を見守っている**んだ。「元気にやってるかな」って毎日見守っているんだよ。

Sくん　そんなに近くにいるんだったら、たまには会いに来てくれてもいいですね。
T先生　うん、会いに来ることもあるよ。
Sくん　え、幽霊ですか。
T先生　「幽霊」とは言わない。「**精霊**（しょうりょう）」と言うんだ。死者の魂という点では同じだけどね。
Sくん　もしかして「精霊流し（しょうりょうながし）」の「精霊」ですか？
T先生　そうだよ。
Sくん　でも、精霊流しって川から海に流れていくから、死んだ人の魂は、どこか海の向こうへ行っちゃうんじゃないですか。
T先生　そしたら、子孫を見守れなくなるし、次の年にまた会いに来ることもできなくなるじゃないか。海から空を通って、また山に戻ってくるんだよ。
Sくん　「次の年に」って、精霊は毎年来るんですか。
T先生　そうだよ。夏の「お盆」のときに来るんだ。精霊流しは盆の最後にやる行事だよ。**盆は、亡くなった先祖が子孫に会いに来る日**なんだ。だから、今でも、都会に住んでいる人は盆のとき一斉に田舎に帰るよね。
Sくん　ふ～ん、墓参りのための日だと思ってました。

T先生　うん、墓参りもするけど、昔は、盆のときには**「魂棚（たまだな）」とか「精霊棚（しょうりょうだな）」という臨時の神棚（かみだな）**を作って、そこに、なすびやきゅうりに四本の棒を刺して飾ったんだよ。

Sくん　ああ、馬みたいな形のものですよね。何のためにあんなものを飾るんですかね。

T先生　一説によると、きゅうりは馬を、なすびは牛を表している。「お盆が始まったら馬で先祖を迎えに行き、お盆が終わったら牛で先祖を送る」ということだそうだ。馬は脚が速いから、すぐに先祖を家まで連れてくるし、牛は脚が遅いから、ゆっくりゆっくり先祖を送っていく。なるべく長い時間、先祖と一緒にいられるようにということだね。

Sくん　そう言えば、友だちの実家ではお盆のときに迎え火（むかえび）や送り火（おくりび）をするって話していました。

T先生　迎え火は盆の始まるときに、送り火は盆が終わるときにする小さな焚き火だね。もっとも**京都の大文字焼（だいもんじや）きはものすごく大きな送り火**だけどね。

Sくん　大文字焼きって送り火なんですか。

T先生　うん、大文字焼きは八月十六日に京都でおこなわれる行事だけど、盆の送り火が起源だと言われているね。

Sくん　迎え火で迎えられ、送り火で送られるのは、亡くなった人の魂つまり精霊だということですね。

T先生　そのとおり。

盆は仏教の行事ではない

Sくん　精霊を迎えるための「魂棚」や「精霊棚」のことを「臨時の神棚」とおっしゃいましたけど、お盆に神棚を作るんですか。

T先生　そうだよ。

Sくん　ちょっと待ってください。お盆のときに、お坊さんを呼んでお経を上げてもらうことがありますよね。お盆は仏教の行事ではないんですか。

T先生　うん、確かに盆は「**盂蘭盆会**（うらぼんえ）」という仏教行事としておこなわれている。この行事は、インド仏教にはなくて、**中国仏教で始まった**ものだ。日本でも七世紀ごろからおこなわれるようになった。

Sくん　じゃあ、やはり仏教行事ですか。

T先生　仏教の教えによると、死んだ人はどうなるんだった？

Sくん　「六道を輪廻する」か「浄土に往生する」かのどちらかです。

T先生 そうだね。輪廻する場合、「他の人間や動物になる」あるいは「地獄に堕ちる」、このあたりの可能性が大きいね。

Sくん そうですね。

T先生 他の人間に生まれ変わっていた場合、盆の間、その人はどうなるんだろう。

Sくん う〜ん、元の子孫のところにやってくる……。

T先生 「こんにちは、私はあなたの先祖です」と言って知らない人がやってくるのかい。

Sくん いや、知らない人が突然そう言ってきたら困ります。魂だけ来るならいいですけど。

T先生 魂だけ来る場合だけど、盆の間、魂が身体から抜けて、元の子孫の家に行くのかな。すると、あとには魂の抜けた身体が残ることになるね。

Sくん う〜ん、それも変ですね。じゃあ、地獄に堕ちてる場合はどうでしょう。あ、そうだ。「お盆の少し前になると、地獄の釜のふたが開く」って聞いたことがあります。

T先生 亡者を火あぶりにしていた鬼たちが急に「そろそろ盆だ。帰省してこい。盆が終わったら、戻ってくるんだぞ」と言って地獄から送り出してくれるだろうか。しかも、毎年だよ。

Sくん そこまで親切じゃなさそうですね。う〜ん、じゃあ、浄土に往生している場合はどうでしょう。阿弥陀仏は優しいから帰してくれるんじゃないでしょうか。

T先生　阿弥陀仏のいる極楽浄土は西の方角の「十万億の仏土（ぶつど）を過ぎた」所にあるそうだ。「仏土」というのは「浄土」と同じで、極楽浄土以外にもたくさんの浄土がある。極楽浄土は、私たちが生きているこの世界から「十万億」個の他の浄土を越えた向こう側にあるということだね。

Sくん　「十万億」って、十兆ですか。

T先生　正確には分からないけど、「とてつもなく大きい数」であることは確かだ。人が阿弥陀仏にすがりながら死ぬと、極楽浄土から阿弥陀仏がわざわざこの世界まで迎えに来てくれる。極楽浄土は信じられないくらい遠くにあって、とても人間が自力で往復できる距離じゃないからね。

Sくん　じゃあ、お盆のときにも阿弥陀仏に送り迎えしてもらったらどうでしょう。

T先生　簡単に言っちゃいけないよ。人間が死ぬ日は一年三百六十五日のそれぞれに散らばってるけど、盆はみんなが一斉に子孫の家との間を往復するんだよ。しかもその年に亡くなった人だけじゃない。以前に亡くなった先祖も往復するから、すさまじい人数だよ。そりゃ阿弥陀仏には神通力があるから不可能ではないかもしれないけど、生きていたときの自分の家までの送迎を頼むのはあつかましいんじゃないかな。それに、浄土で幸福に暮らしてるんだから、毎年帰省しなくてもいいと思うよ。

Sくん どうもT先生はお盆と仏教をできるだけ切り離したいようですね。

T先生 だって、**「亡くなった人が子孫に会いに来る」という教えは仏教にはない**もの。盂蘭盆会の根拠は「盂蘭盆経（うらぼんきょう）」という経典なんだけど、このお経でも「亡くなった人が子孫に会いに来る」とは言ってないんだ。

盂蘭盆経

Sくん 「盂蘭盆経」というのは初めて聞きました。どんなお経なんですか。

T先生 釈迦の弟子に目連（もくれん）という人がいたんだけど、神通力を持っていて、自分の死んだ母親がどこに行ったかを探したんだ。

Sくん すごいですね。死んだ人がどこに生まれ変わったか分かるんですね。

T先生 そうしたら、**目連の母親は餓鬼道に堕ちている**ことが分かった。

Sくん う〜ん、息子としては辛いですね。

T先生 そこで、目連は神通力で母親に食べ物を送った。

Sくん　すごい！　人道から餓鬼道へ物を送れるんだ！

T先生　目の前に食べ物が現れたから、おなかをすかしていた母親は飛びついた。でも、餓鬼道では食べ物は炎に変わってしまうから、食べられない。

Sくん　かわいそうに。

T先生　目連は泣きながら釈迦のところへ行き、母親の窮状を訴えた。そしたら、釈迦が「七月十五日にたくさんの僧侶を呼んでお経をあげてもらい、僧侶を供養（くよう）すれば、母親を救うことができる」と言ったんだ。「僧侶を供養する」というのは、僧侶にごちそうするということだよ。

Sくん　お経とごちそうで母親を救えるんですか。

T先生　そうだよ。僧侶が読経（どきょう）することや僧侶を供養することには人を救う力があると考えられているんだ。

Sくん　七月十五日というのは旧暦だとお盆の日ですが、なぜ釈迦は「七月十五日」と言ったんでしょう。

T先生　インドでは、僧侶たちは雨季の間、一か所に定住して修行に専念したんだ。その最終日が七月十五日で、この日は修行中に犯した罪を互いに告白し反省した。そして、のちに、一般の信者がこの日に僧侶たちを供養するという習慣が生じたんだ。

Sくん　それで、結局、目連の母親は救われたんですか。

T先生　救われたよ。餓鬼道から天道（六道の中では一番ランクの高い世界だね）に生まれ変わった。この**「盂蘭盆経」という経典は親孝行を勧める経典で、中国で作られた**んだ。儒教は親孝行を重視するから、その影響だろうね。

Sくん　へえ、仏教のお経はインドで書かれたと思ってました。

T先生　ほとんどの経典はそうだけど、なかには中国で作られたものもある。「父母恩重経」という経典も中国で作られたもので、やっぱり親孝行を勧めている。

Sくん　ふ〜ん、なんか捏造という感じですね。

T先生　中国で作られた経典を「偽経」と呼ぶ人もいる。しかし、インドで作られた経典にしても、釈迦（ゴータマ・シッダールタだね）が死んでから何百年もあとに作られたものがたくさんある。だから、「中国で作られた」という理由だけで、一概に偽物とは言えないと思う。インド仏教から中国仏教、そして日本仏教へと伝わってくる中で、仏教の教え自体も少しずつ変わってきているしね。

Sくん　盂蘭盆経の中身ですけど、**目連の母親は目連の所に戻ってこない**んですね。天道に行っちゃうんですね。

T先生　そうなんだ。「死んだ先祖が子孫のところに来る」という話は「盂蘭盆経」にまったく出てこない。だから、「盂蘭盆経」と実際の盆の習慣とはずいぶん違う。

魂祭りとしての盆

Sくん　お盆の起源が仏教ではないとすると、じゃあ、お盆という行事の起源は何なんですか。

T先生　**仏教が日本に伝わるよりも前から「魂祭り」という習俗がおこなわれていた**ようで、それが盆の起源のようだ。

Sくん　仏教が日本に伝わったのは、およそ千五百年前でしたよね。それよりも前なんて、そんな昔のことがどうして分かるんですか。何か記録でもあるんですか。

T先生　記録はないよ。日本各地の行事や言い伝えに基づいた推測だよ。まず、同じ仏教でも、法事の回数がインドと中国と日本では全然違う。インド仏教では亡くなったときに葬式をやり、一週間目に「初七日」の法事をやる。日本の場合、このあと「四十九日」の法事をやることが多いけど、本来は七日ごとに「二七日」「三七日」「四七日」「五七日」「六七日」「七七日」の法事をやるのが正式だ。そして、最後の「七七日」が「四十九日」

とも呼ばれるんだ。

Sくん　七かける七は四十九だからですね。

T先生　そうだね。そして、インド仏教での法事はこれで終わりだ。

Sくん　え、これだけですか。死んだ人に対して冷たくないですか。

T先生　いや、四十九日以内に輪廻か往生のどちらかをしているから、法事はもう必要ないんだ。

Sくん　じゃあ、一周忌とかやらないんですか。

T先生　インド仏教ではやらない。**一周忌や三回忌をやるようになったのは中国仏教**だよ。三回忌というのは、葬式から二年後にやる法事のことだ。

Sくん　二年後なのに、なぜ「三回忌」と言うんでしょう。

T先生　葬式が一回目、一年後の一周忌が二回目、さらにその一年後だから三回目という意味だろうね。

Sくん　あ、そうか。

T先生　一周忌や三回忌は**儒教の影響**で始まったんだ。儒教では親の死んだあとの二年間、喪に服することになっている。二年間は結婚式のようなおめでたい行事はできないし、酒を飲んだり、歌を歌ったりしてもいけない。そして、ずっと喪服（日本の喪服は黒だけど、儒教の喪服は白だ）を着ていないといけない。

Sくん 二年間というのはずいぶん長いですね。

T先生 儒教を始めたのは孔子（こうし）（前五五一〜前四七九）という中国の人だ。孔子の弟子が同じ質問を孔子にしている。「二年間も喪に服するのは長すぎませんか」ってね。

Sくん 孔子はなんと答えたんですか。

T先生 人間は生まれてから二年間、親に抱かれてやっと成長できる。その親が死んだとき、同じ二年間、親のことを思って喪に服するのは当然だ。こんなふうに答えているね。

Sくん う〜ん、でも、二年はやっぱり長いですね。

T先生 そうかもしれないね。いずれにしても、日本で一周忌や三回忌をやるのは、インド仏教ではなくて、中国仏教の影響だ。そして、中国仏教では三回忌で終わりだよ。

Sくん 日本では三回忌のあとにも法事がありますよね。

T先生 うん、七回忌、十三回忌、十七回忌、そのあとは宗派によっていろいろ違うけど、三十三回忌で終わりになる点はだいたい共通だ。三十三回忌のことを「弔（とむら）い上（あ）げ」と呼ぶ人もいる。

Sくん 亡くなって三十三年も経ったら、故人を知っている人もだいぶ少なくなっているでしょうね。

T先生　そうだろうね。あ、それから、「三十三回忌」は亡くなってから三十二年後だよ。葬式が一回目にあたるから。

Sくん　あ、そうでした。

T先生　三回忌までは儒教からの影響を受けて中国仏教で始まったんだけど、**七回忌からあとは日本仏教で始まった**ものだ。

Sくん　何かの影響でしょうか。

T先生　ここから先は推測になるけど、仏教伝来以前からおこなわれていた行事の影響だろうね。

Sくん　「魂祭り」ですか。

T先生　そのとおり。ただし、魂祭りは故人の命日ではなく、盆と正月におこなわれていた。「命日」というのは、儒教の影響を受けて中国仏教で始まったものだからね。正月の魂祭りでは「歳棚（としだな）」といって盆の盆棚と同じような臨時の神棚を作ったんだ。盆と正月で似たような行事をやっている点も盂蘭盆経の教えから相当ずれている。

Sくん　じゃあ、**先祖の魂は年に二回やってきた**んですか。

T先生　そうだよ。しょっちゅう来てるんだ。どこか近い場所にいないと毎年二回来るのは難しいだろうね。

山の上から見守る先祖

Sくん　お盆の起源が魂祭りだったとしても、「山の上から見守っている」という点に関して、法事や魂祭りの回数は根拠にならないですよね。

T先生　鋭いね。そのとおり。この点に関しては盆の際の習慣が一つの根拠になる。「盆路作り」といって、**山の頂上から麓の里まで、普段は放っている道の草を刈り払う**習慣が各地にある。しかも、その道を「精霊様がござる路」と呼ぶ地方がある。「精霊が来る道」という意味だね。また、盆のとき、先祖の霊を山の上の方まで迎えに行く地方もある。

Sくん　へえ、T先生はそういう調査をしたんですか。

T先生　いや、私じゃないよ。**柳田國男**（一八七五〜一九六二）という明治から昭和にかけて生きた民俗学者がやった調査だ。というか、柳田は全国のアマチュア地方史家たちから情報を集めた。「似たような習慣が全国の遠く離れたたくさんの地方にあれば、それは大昔からあったと推測できる」と考えて、昔の日本人の考え方を推測したんだ。

Sくん　古文書のような記録じゃなくて、行事や習慣にもとづいて昔の人の考え方を復元しようとしたんですね。おもしろい考え方ですね。

T先生　文献だけに頼る思想研究に対して柳田は批判的だった。彼によれば、昔の日本では人々は世の中が現在ほど急激に変化するとは思っていなかったから、ありふれた毎年の出来事を書きとめようとしなかった。だから、一般の日本人が普段どのように考えていたかを知るためには、文献記録よりも、習俗の中で実際に多くの人々が伝えてきたものを観察した方がよく分かる。こんなふうに柳田は考えたんだ。恣意的な推測に陥る危険もあるけど、有効な研究方法だと思うよ。

Sくん　なるほど。だから、お盆の習俗を観察して、そこから、昔の人の考え方を推測しているんですね。

T先生　そうだね。

Sくん　「毎年、子孫の家を訪れるのだから、そんなに遠くに行っているはずはない。では、どこにいるのか。山の上まで精霊を迎えに行ったり、精霊の通る道を作ったりする習慣があるから、きっと山の上にいるのだろう」。こういう推測ですね。

T先生　そのとおり！　そのような民間信仰が仏教以前からあったのではないかと柳田は推測しているんだ。

Sくん　なるほど。分かってきました。

T先生　私の祖母は私が子どものときに亡くなったけど、最初の盆は「初盆」と言って、涼しげな水色の提灯がたくさん飾られていたのを思い出すよ。「亡くなってから初めて家に戻ってくる特別な日」ということなのだろうね。

Sくん　でも先祖の人数って昔にさかのぼれば、すごく多いですよね。お盆のたびに先祖が全員来るんですか。何百年も前の先祖まで来るとしたら、すごい人数ですよね。

T先生　いや、何百年も前の先祖まで来るわけじゃないよ。

Sくん　年数が経つとだんだん来なくなるんですか。

T先生　いや、そうじゃない。**亡くなって三十二年経つと祖霊の中に融け込む**んだ。祖霊というのは代々の先祖の霊が一つに融合したものだよ。そうなると、もう個人として子孫のもとを訪れることはなくなる。

Sくん　あ、だから三十三回忌で年忌法要を終わりにするんですね。

T先生　そうだね。いつまでも個人の霊のままじゃないんだ。

Sくん　祖霊には何百年も前の先祖まで融け込んでいるということですね。

T先生　死者たちの魂は毎年、必ず子孫のもとを訪れ、やがて、三十二年経つと、今度は祖霊として訪れるようになるんだ。

Sくん　祖霊になっても、やはりそばの山の上から見守り続けるんですか。

T先生　そうだよ。ずっと見守り続けるんだよ。これが、「死んだらどうなる」の三つめのパターン、「すぐそばで子孫を見守る」だ。この考え方だと、死んだあとも、生前に住んでいた家からそれほど遠くない場所にずっといる。だから、仏教の場合と比べて、**生きている者と死んだ者の距離がずいぶん近い**よね。

Sくん　すぐ近くにいるんですね。

T先生　柳田は、自分が死んだあとについて、こう書いている。「できるものならば、いつまでもこの国にいたい。そうして一つの文化のもう少し美しく開展し、一つの学問のもう少し世の中に寄与するようになることを、どこかささやかな丘の上からでも、見守っていたいものだと思う」（「魂の行くえ」）とね。

Sくん　ふ〜ん、僕のおばあちゃんもどこか山の上から見守っているのかなあ。

（そう言ってS君は窓の外に目をやった。外では、桜の花びらが風に舞っていた）

まとめ

❖ もともと盆は仏教行事ではなく、日本古来の習俗である**魂祭り**(たままつ)**が起源**である。

❖死者の魂は**近くの山の上から子孫をいつも見守って**おり、
年に二回子孫のもとにやってくる。

❖盆の初めに迎え火、終わりに送り火を焚く。

❖ある地方では盆の前に**山頂までの道の草**を刈り「精霊様がござる道」と呼ぶ。

❖「盂蘭盆会」という仏教行事はインド仏教にはなく中国仏教で始まった。

❖「盂蘭盆経」によると、釈迦の弟子である目連の母親が餓鬼道に堕ちて苦しんでいた。供養により、母親は天道に生まれ変わることができた。
しかし、**死者の魂が子孫に会いに来る話は「盂蘭盆経」にはない。**

❖「盂蘭盆経」は**親孝行を勧める**ための経典である。
儒教から影響を受けて中国で作られた。

大
やほー

第三章

子孫の命の中に生き続ける

儒教における「生命の連続体」としての家

一週間後。T教授の研究室に学生のS君が再びやってきた。

T先生　やあ、S君。何か用かい。

Sくん　あれ、お忘れですか。「死んだらどうなるのか」に関する六つのパターンの続きを話してくださる約束ですよ。先週はT先生に急用が入って、話が中断したから、今日続きを話すということでした。

T先生　そうだった、そうだった。どこまで話したんだっけ。

Sくん　仏教の「輪廻(りんね)」が「他の人間や動物に生まれ変わる」パターンで、仏教の「往生(おうじょう)」が「別の世界で永遠に生き続ける」パターン。そして、お盆の習慣に現れているのが「すぐそばで子孫を見守る」パターンです。

T先生　おお、よく覚えているね。じゃあ、今日は「子孫の命の中に生き続ける」パターンを説明するよ。

Sくん　はい、お願いします。

位牌の起源

T先生　S君は位牌って知ってるかい。

Sくん　仏壇の中に置いてある小さな木札みたいなものですよね。

T先生　そうだね。位牌には亡くなった人の戒名と命日（亡くなった日）が書いてある。さらに、亡くなったときの年齢（「享年」と言う）や本名（「俗名」と言う）が書いてある場合もある。

Sくん　戒名って、「なんとか院なんとか居士」というやつですよね。

T先生　うん。他にもいろいろなパターンがあるけどね。ちなみに明治時代の小説家夏目漱石（一八六七～一九一六）の戒名は「文献院古道漱石居士」だ。漱石の本名は「夏目金之助」だけど、ペンネームの「漱石」が戒名の中に入っているんだね。

Sくん　仏壇というのは、亡くなった家族を祀ってある場所ですよね。僕の祖母の家にも仏壇があって、祖父や曽祖父母の位牌が置いてありました。

T先生　「亡くなった家族を祀る場所」というのは、ちょっと違うな。仏壇の真ん中に何があったか覚えているかい。

Sくん　何か絵が飾ってあったと思います。仏像みたいな絵でした。

T先生　たぶん、それは阿弥陀仏(あみだぶつ)の掛け軸だよ。S君のように、仏壇のことを「**亡くなった家族を祀る場所**」だと考えている人が多いけど、仏壇は本来「**仏像を祀る祭壇**」だ。だから「仏壇」と呼ばれる。つまり、仏壇の主人公は仏像であって、亡くなった人じゃない。

Sくん　でも、テレビドラマでは、仏壇に向かって話しかけるシーンがありますよね。たとえば、仏壇に飾ってある死んだ母親の写真に向かって「おふくろ、俺、今度、結婚するんだ」なんて話しかけるシーンです。あれは、阿弥陀仏じゃなくて、亡くなった母親に話しかけているんじゃないでしょうか。

T先生　確かにそうだね。でも、もともとインド仏教には「先祖を祀る」という考え方はなかったし、位牌もなかった。**位牌は中国仏教で生まれた**ものだ。

Sくん　もしかして、**儒教の影響**ですか。

T先生　そのとおり。よく分かったね。

Sくん　ええ、インドで生まれた仏教が中国へ、そして日本へと伝わる中で変わっていった話は先週T先生から聞きました。でも、儒教に位牌があったんですか。

T先生　うん、あったよ。ただし、「位牌」という名前ではなく「**木主**(ぼくしゅ)」とか「神主(しんしゅ)」と呼ばれていた。でも、見かけは似ている。木主には、亡くなった人の名前と続柄(つづきがら)が書かれている。

Sくん　「続柄」というのは、「祖父」とか「曽祖母」とかですか。

T先生　そうだよ。S君は自分のひいおじいさんやひいおばあさんの名前は知っているかい。

Sくん　ええ、知っています。曽祖父母の名前は祖母から聞いたことがあります。

T先生　じゃあ、曽祖父母の親（高祖父、高祖母）の名前は？

Sくん　いいえ、聞いたことはありません。

T先生　それじゃあ、S君は儒教的に言えば「不孝者」だ。

Sくん　え、なぜですか。

T先生　儒教では、両親、祖父母、曽祖父母、高祖父母の四代前までを常に祀っていたから、当然、名前も知っていた。

Sくん　ちょっと待ってください。両親二人に対して祖父母が四人いますよね。すると祖父母の親である曽祖父母は八人、曽祖父母の親である高祖父母は十六人います。すると、全部で、えーっと、三十人です。こんなにたくさんの名前を覚えないと「不孝者」なんですか。

T先生　計算が速いね。祀ったのは父方だけなんだ。だから、**父方の父母、祖父母、曽祖**

父母、高祖父母の四代八人だね。

Sくん　この八人の名前を覚えているのが「孝」なんですか。

T先生　名前を覚えていること自体ではなくて、この四代八人を祀ることが「孝」なんだ。八つの木主にそれぞれ、亡くなった人の名前と続柄が、「祖父だれそれ」というふうに書かれている。そして、それらの木主を**家廟（かびょう）という建物の中に祀った**んだ。

Sくん　「家廟」ですか。

T先生　うん、自宅の庭に専用の建物を建てて、そこに先祖を祀った。家廟を建てるだけの経済的な余裕がない場合は、家の中に、先祖を祀る祭壇を作った。

Sくん　ふーん、専用の場所に先祖の木主を置いたんですね。

T先生　家廟では、いろいろな祭りがおこなわれたんだ。まず、故人の命日におこなう祭りがある。これは「忌祭（きさい）」と呼ばれる。故人の木主を中央に置き、その前に、ご飯、汁（しる）物（もの）、肉、魚、野菜、果物、酒などのたくさんの供物（くもつ）を置く。

Sくん　肉やお酒を並べるなんて、本当にお祭りですね。

T先生　そうだ。祭りだよ。『礼記（らいき）』という儒教の書物に、「命日に他の用事はしない。それは、不吉な日だからではない。親を思う気持ちが極まって他のことができなくなるのだ」と書いてある。「冠婚葬祭（かんこんそうさい）」という言い方があるけど、儒教では、亡くなって二年経つと喪が明ける。喪の二年間は「葬」だけど、その後は「葬」ではなく「祭」になるんだ。家廟には四代八人の先祖が祀られているから、忌祭は年に八回おこなわれる。

Sくん　毎年やるんですか。

T先生　そう、毎年やる。

Sくん　高祖父母だと、こちらが生まれる前に亡くなっていることが多いでしょうね。

T先生　そうだね。すると、高祖父や高祖母の忌祭は、自分が生まれる前から毎年おこなわれていた、ということになる。つまり、小さな子どものときから、忌祭のたびに、高祖父母の名前の書かれた木主を目にするわけだ。

Sくん　なるほど。自然に先祖の名前を覚えることになりますね。

T先生　それに、木主は家廟に常に置いてあるから、他の命日の先祖の木主も同時に目に入る。

Sくん　ああ、そのときにも八人の先祖の名前を見るんですね。

T先生　さらに、家廟でおこなわれる祭りは忌祭だけじゃない。

Sくん　どんな祭りをやったんですか。

T先生　春分、夏至、秋分、冬至の祭り。これは「四時祭(しじさい)」と呼ばれた。それから、元日（一月一日）、端午(たんご)（五月五日）、中秋(ちゅうしゅう)（八月十五日）などの祭も家廟でおこなわれた。さらに、新しい果物を収穫したときは、まず家廟に供えるし、結婚したとき、就職が決まったとき、子どもや孫が生まれたときも家廟に行って先祖に報告する。

Sくん　へえ、しょっちゅう行くんですね。

T先生　朝起きたときにあいさつに行き、出かけるときにあいさつに行き、帰宅したときにも報告に行く。

Sくん　えーっ、じゃあ、毎日行くんですか。

T先生　S君がテレビドラマで見た仏壇に話しかけるシーンだけど、しょっちゅう話しかけてるんじゃないかな。

Sくん　確かにそうですね。しょっちゅう話しかけていました。

T先生　それと同じような気持ちで家廟に行くんだろうね。

Sくん　そんなにしょっちゅう家廟に行っていたら、木主に書かれた先祖の名前は自然に覚えますね。

T先生　そうだね。

子孫を残す義務

Sくん　あ、ちょっと待ってください。もし自分が死んだら、祭りはどうなるんですか。

T先生　もちろん、自分の子どもが引き継ぐ。

Sくん　いや、それはそうでしょうけど、四代八人だった木主が五代に増えてしまいませんか。

T先生　S君は、こまかいところによく気が付くね。自分の子どもが祭りを引き継いだ場合、自分の父母は子どもから見たら祖父母であり、自分の祖父母は子どもから見たら曽祖父母になる。こんなふうに、一代ずつずれるよね。

Sくん　そうです。すると、五代祀ることになります。

T先生　それまでの高祖父母を祀るのはやめるんだよ。

Sくん　ああ、なるほど。

T先生　さっきは言わなかったけど、**五代より前の先祖は「始祖（しそ）」としてまとめて祀ってるんだ。**つまり、「始祖」のための木主も入れて、家廟には九つの木主が祀られている。

Sくん　じゃあ、自分の子どもが祭りを引き継いだ結果、祀られなくなった高祖父母は始祖の中に入るんですか。

T先生　そのとおり。「始祖」の中に組み込まれるんだ。

Sくん　なるほど、そういう仕組みですか。しかし、もし子どもがいなかったら、先祖を祀ることも自分の代で終わりになりますね。

T先生　そうだね。だから、儒教では子孫を残すことが非常に重要なんだ。まず、「一生独身」というのは儒教ではありえない。**「結婚するのが人間として当たり前」というのが儒教の考え**だ。

Sくん　へえ、ずいぶん窮屈な考え方ですね。

T先生　「最大の不孝は跡継ぎを作らないことだ」と孟子（前三七二〜前二八九）が言っているくらいだ。

Sくん　孟子って孔子のあとに儒教を広めた人ですよね。

T先生　そうだよ。孟子は孔子のおよそ百年後に生きた人だ。

Sくん　子どもを作ることが親孝行なんですか。

T先生　儒教の「孝」は親だけじゃなくて、祖父母をはじめ先祖全体に対する義務なんだ。**子どもを作って先祖の祭りを続けることは「孝」**であり、**子どもを作らず先祖の祭りができなくなることは「不孝」**なんだ。

Sくん　ふーん、好きな人と一緒に生きていきたいから結婚するんじゃなくて、まるで先祖の祭りを続けるために結婚するみたいですね。じゃあ、もし子どもができなかったらどうするんですか。

T先生　その場合には、別の女性との間に子どもを作って、その子どもに財産や家廟を相続させて、先祖の祭りをやらせる。

Sくん　へえ、儒教は不倫を勧めるんですか。

T先生　違う。別の女性というのは「妾」のことだけど、本妻公認だから不倫ではない。本妻と妾は同じ家屋に住んだ。妻妾制は、「子孫を残す」という目的に役立つから、儒教の立場からすれば、正義にかなうものだったんだ。

Sくん　「所変われば品変わる」と言いますけど、現代日本の常識からすれば考えられませんね。

T先生　ことわっておくけど、現代中国の常識とも全然違うよ。現代中国に儒教の影響はほとんど残っていない。儒教の影響が最も残っているのは韓国だけど、その韓国でも妻妾制は消滅している。だから、儒教と言っても昔の話だ。

Sくん　じゃあ、現代の僕たちが知る必要はあんまりないですね。

T先生　そうは言えないな。昔の考え方の影響力は今も残っている。極端な形ではないにしてもね。だから、もともとの考え方を知っておくのは必要なことだよ。

生命の連続体としての家

Sくん 儒教が支配的だった時代に、子どもができない男性はみんな妾を持ったんですか。そういうのが嫌だった男性もいたんじゃないですか。

T先生 う〜ん、嫌というより、妾を置くだけの経済的余裕のない男性はたくさんいた。

Sくん そういう人はどうしたんですか。先祖に対する義務を果たせなくなりませんか。

T先生 その場合は、養子を取ったんだ。

Sくん ああ、そうか。そうすれば、先祖の祭りを続けることができますね。

T先生 ただし、養子にはきびしい制限があった。まず、**血がつながっていること**が絶対条件だ。**赤の他人を自分の養子にすることはできない**。

Sくん 親戚から養子を取らなければいけないってことですか。

T先生 そうだよ。さらに年齢に関しても、自分と近すぎたり離れすぎたりしてもだめだ。具体的には、兄弟の子ども、つまり、甥(おい)が養子になることが多かった。

Sくん　ずいぶんこだわりがあるんですね。

T先生　そうだね。日本の養子制度にこのようなこだわりはない。今も昔もね。日本では血のつながっていない他人でも養子にすることができたから、儒教の養子制度とはずいぶん違う。

Sくん　なぜ、儒教では、血のつながっていない他人を養子にできないんですか。

T先生　うん、この点について、中国法制史の研究者である滋賀秀三（一九二一〜二〇〇八）はこう言っている。「祖先の祭祀を維持することが、養子の本質的な機能であるが、その祭祀なるものが、祖先と同じ血をうけた後輩によって捧げられるのでなければ、祖霊はこれを享受しない」（『中国家族法の原理』）

Sくん　「後輩」って「先輩後輩」の後輩ではないですよね。

T先生　うん、ここでは「あとから生まれた人」という意味だよ。

Sくん　「祖霊」って「祖先の霊」ですよね。でも、血のつながった人の祭祀でないと、祖先の霊が受け付けないのは、そもそもなぜなんですか。

T先生　滋賀は続けてこう言っている。少し要約して読むよ。「父と子とは現象的には二つの個体であるけれども、両者のうちに生きる**生命そのものは同一**である。〔この考えは〕中国人の人生観の基本ともいうべきものであった。『孝』という概念も、もとをただせばこのような認識から出発するものであり、かつそれにふさわしく行為することを要求するものにほかならない」

Sくん　う〜ん。よく分かりません。「父と子の生命が同一」だということから、「血のつながった者しか先祖の祭祀ができない」ということが、なぜ出てくるんですか。

T先生　では、もう一人、中国思想研究者である加地伸行（かじのぶゆき）（一九三六〜）の言葉を紹介しよう。「もし子孫・一族が続けば、自己は個体としては死ぬとしても、肉体の死後も子孫の生命との連続において生き続けることができることになる。／つまり、孝の行ないを通じて、自己の生命が永遠であることの可能性に触れうるのである。そう考えれば、死の恐怖も不安も解消できるではないか」（『儒教とは何か』）

Sくん　「子孫の生命との連続において生き続ける」ですか。

T先生　儒教の死生観は次のように要約できると思う。すなわち、**先祖から子孫へと連続している一つの生命体**がまずあって、その小さな部分が個人である。確かに各個人は生まれては死んでいく。しかし、各個人は部分にすぎず、連続体としての一つの生命は永遠に生き続ける。ただし、生命を受け継ぐ子孫がいる限り。

Sくん　何千年も生き続ける一つの生命体が存在し、個人はその中の数十年くらいを占める部分にすぎない。こういうことですか。

T先生　そのとおり。儒教には「生まれ変わり」とか、「極楽浄土」というような考えはないんだ。だから、「個人としてどこか別の世界で生き続ける」という期待は持てない。その代わり、「**先祖の命、イコール自分の命、イコール子孫の命**」という「生命の連続体」として永遠に生き続けることを期待するんだね。

Sくん　永遠に生き続ける「生命の連続体」ですか。すごいですね。

T先生　この「連続体としての一つの生命」のことを儒教では「**家**（いえ）」と呼ぶ。それぞれの家は、別々の生命の連続体だ。これが、「死んだらどうなるのか」の四つめのパターン、「子孫の命の中に生き続ける」だよ。

Sくん　儒教では、「生命の連続体」としての家の方が、個人より先に存在しているんですか。

T先生　そうだね。だから儒教では個人より家が大切にされる。儒教に「**積善の家**（せきぜん）」という言葉がある。S君、知っているかい。

Sくん　いえ、初めて聞きました。

T先生　この言葉は『易経（えききょう）』という古代の書物に出てくるんだけど、この言葉にも儒教の死生観がよく表れているよ。

積善の家

T先生　この言葉が出てくる文はこういうものだよ。「**積善の家には必ず余慶あり。積不善の家には必ず余殃あり**」。現代語に訳すと、「善行を積み重ねた家には、あふれるほどの幸福が子孫に訪れる。反対に不善を積み重ねた家には、あふれるほどの災いが子孫に生じる」という意味だ。

Sくん　**先祖が善いことをしたら子孫が幸福になる**けど、**先祖が悪いことをしたら子孫が不幸になる**、ということですか。

T先生　そうだよ。もしいまS君が幸福だとしたら、それは代々の御先祖様のおかげであり、逆に、もしいまS君が不幸だとしたら、それは代々の御先祖様のせいなんだね。

Sくん　へえ、じゃあ、もし僕が悪いことをしたら、その報いは僕じゃなくて、僕の子孫に生じるんですか。

T先生　そのとおりだよ。S君の子どもかもしれないし、孫かもしれない。あるいは、もっと先の子孫かもしれない。S君の悪行の報いが子孫の誰かに生じるんだよ。

Sくん　「悪行」なんて人聞きの悪いことを言わないでくださいよ。

T先生　失礼、失礼。もののたとえだよ。「積善の家」という考え方は、「因果応報」の一種だけど、仏教での因果応報とはずいぶん違う。

Sくん　仏教では、自分の行為の報いは自分に生じますよね。

T先生　そうだね。仏教では、そのことを「**自因自果**（じいんじか）」と言う。**自分の行為が原因となって、その結果が自分に生じる**という意味だ。報いは、生きている間に来る場合もあるし、死んだあとに来る場合もある。

Sくん　もしかして、「**自業自得**（じごうじとく）」って、「自因自果」と同じ意味ですか。

T先生　そのとおり！　「業（ごう）」というのは、「**行為とその影響力**」のことだ。行為が終わったあとに、その影響力がまるでお寺の鐘の「ゴ〜〜〜〜ン」という響きのようにいつまでも続くのさ。死んだあとにもね。

Sくん　六道のどこに生まれ変わるかを左右するということですね。

T先生　そうだね。しかも、最初の生まれ変わりだけじゃなくて、次の生まれ変わりにも影響を与える。業の働きは生まれ変わるたびに弱くなるけど、消えることはない。

Sくん　じゃあ、善い行為の影響もずっと続くんですか。

T先生　そうだよ。修行の成果も生まれ変わるたびにリセットされるのではなくて、来世にもそのまた来世にもずっと続いていくんだ。

Sくん　すごい時間のスケールですね。

T先生　生まれ変わって別の人間になっても、業のつながりは一本の線のように続いていて、決して枝分かれしたり、他の人間の業と融合したりしない。たとえ親子であっても業のつながりは別々だ。そもそも**現世で親子だからといって、生まれ変わったあとも親子である保証はまったくない。**むしろ、生まれ変わったあとは他人になる可能性の方が高いだろうね。

Sくん　じゃあ、僕が悪いことをしても、その報いが僕の子孫に生じるということは、仏教ではありえないということになりますか。

T先生　そのとおり。親子といえども、それぞれ別々の業のつながりの中を輪廻しているから、親の行為の報いが子どもに生じるということは、仏教的には、ありえない。

Sくん　仏教って意外と個人主義的ですね。

T先生　そうだよ。もともとの仏教はかなり個人主義的だ。「家」とか「先祖」という考えは希薄だよ。それに対して、儒教では、まず存在するのは生命の連続体としての家であり、個人は家があって初めて存在できるものなんだね。

Sくん　すると、儒教の「積善の家」という考えは、仏教からすれば、ありえないことを主張していることになりますね。

T先生　そうだね。**仏教の因果応報は個人が単位**だけど、**儒教の因果応報は家が単位**なんだ。いわば、家という生命の連続体の中で、上流の水が濁ったら、その影響は下流に及ぶということだね。上流というのは先祖で、下流というのは子孫のことだよ。「積善の家」という言葉に**儒教の「家中心の死生観」**が表れていると言える。

Sくん　ふーん、僕が生まれたとき、おばあちゃんはすごく喜んだらしいんですけど、それって、生命の連続体が途切れなかったからなんでしょうか。

T先生　さあ、どうだろう。私にはまだ孫がいないから、よく分からないな。

Sくん　T先生、今見てきた儒教の死生観は「子孫の命の中に生き続ける」というパターンですよね。これまで説明してもらったのは、仏教の輪廻が「他の人間や動物に生まれ変わる」パターン、仏教の往生が「別の世界で永遠に生き続ける」パターン、お盆の習慣に表れているのが「すぐそばで子孫を見守る」パターンでした。それでは、キリスト教の死生観はどのパターンになりますか。

T先生　キリスト教の死生観は、仏教の往生と同じ「別の世界で永遠に生き続ける」パターンなんだ。では、次はキリスト教の死生観について説明することにしよう。

まとめ

❖儒教によれば、**先祖から子孫へ連続している一つの生命体**（「家」）が存在し、
個人はその小さな部分に過ぎない。

❖「**先祖の命＝自分の命＝子孫の命**」だから、
個人としては死んでも、
子孫の命の中に**永遠に生き続ける**ことができる。

❖儒教で独身はあり得ない。結婚して**子孫を残す**のが当然。
子どもが生まれない場合、血がつながっている親戚（甥など）を養子にした。

❖仏教の位牌の起源は儒教の**木主**である。

❖自宅に**家廟**を作り、父方の父母・祖父母・曽祖父母・高祖父母の八人とそれ以前の
「始祖」の九つの木主を安置した。

❖先祖の行為が子孫の幸不幸を左右する。
これを表すことばが「**積善の家**に余慶あり、積不善の家に余殃あり」。

3

子孫の中に生き続ける

儒教における

「生命の連続体」としての家

第四章

一度きりの人生

キリスト教における天国と地獄

神による無からの創造

T先生　キリスト教の死生観の特徴は「一度限り」ということだ。そもそもキリスト教の世界観の特徴が「一度限り」ということなんだ。

Sくん　何が一度限りなんですか。

T先生　宇宙の歴史も一度限り、人間の一生も一度限り。生まれ変わりのようなものはキリスト教にはない。だから、いまS君はこの**宇宙の一度限りの歴史の中で一度限りの人生を生きている**んだ。

Sくん　う〜ん、なんだか壮大な感じがしますね。

T先生　キリスト教によれば、この宇宙には明確な始まりと終わりがある。「いつのまにか宇宙が存在していた」とか、「宇宙は無限の過去から存在していた」というような曖昧なことをキリスト教は言わない。

Sくん　宇宙の始まりってビッグバンのことですか。

T先生　いやいや。キリスト教の話だから、ビッグバンは出てこないよ。**神による無からの創造**だよ。

Sくん　何もないところから神が宇宙を創造したということですか。

T先生　そうだよ。神がまったくの無からこの宇宙を創造したんだ。『聖書』の最初に「創世記」という書物があるんだけど、その冒頭に「はじめに神は天と地を創造した」と書いてある。そして、神は、そのあと、光を創った。

Sくん　どうやって光を創ったんですか。

T先生　「光あれ」と言ったんだ。

Sくん　言うだけで光が現れるんですか。

T先生　そうだよ。神は全能だから、望むだけでなんでも出現させられるんだ。

Sくん　すごいですね。

T先生　最初の天と地だって、そうだよ。何の材料もなくて、まったくの無から天と地を創り出したんだ。これほど徹底的な宇宙創造力を持っている神は珍しいよ。たいていは、何かの材料がある。たとえば、日本の神話によると、宇宙は最初は混沌として鶏の卵のようだった。混沌の中の澄んだものが広がって天になり、濁ったものが固まって地になった。そして、そのあとに、神々が生まれた。八世紀の書物である『日本書紀』の最初にこう書いてある。

Sくん　最初に天地ができて、そのあとに神様が生まれたんですね。じゃあ、その最初の天地は誰が創ったんでしょうか。

T先生　鶏の卵みたいな混沌としたものが自然に天と地に分かれたんだ。泥水が、沈殿した泥と上澄みの水に分かれるみたいな感じだね。

Sくん　う〜ん、その鶏の卵みたいなものは誰が創ったんですか。

T先生　誰が創ったわけでもなく、最初からあったんだよ。

Sくん　最初からあった……。

T先生　これに対して、キリスト教の場合、最初は神だけが存在していた。他には何も存在していなかった。完全な無だ。そして、神がすべてを創った。だから、**神は「創造主（そうぞうしゅ）」**と呼ばれ、**創られた宇宙は「被造物（ひぞうぶつ）」**と呼ばれる。星も山も川も動物も植物も我々人間もすべて被造物であり、神によって無から創られたんだ。

Sくん　でも、僕がいるのは両親がいたからで。別に神様に創られたという気はしないです。

T先生　両親のそのまた両親、というふうに先祖をたどっていくと、最初の人間であるアダムとイブに到達するんだよ。そして、アダムとイブは神によって創られた。

Sくん　すると、日本人の先祖もアダムとイブですか。

T先生　もちろん。すべての人間の先祖がアダムとイブだからね。

Sくん　宇宙のすべては神によって創られた被造物だということは、物質の起源は神だということになるわけですね。

T先生　そうだよ。でも、物質だけじゃない。もし魂が物質と別のものだとしたら、魂も被造物であって、神が創った。それだけじゃない。**時間だって神が創った**んだ。

Sくん　え？　時間って創ることができるものなんですか。

神による時間の創造

T先生　さっき私が「神が宇宙を創るまではまったくの無だった」と言ったけど、「まったくの無」とは、時間も存在しない無ということなんだ。

Sくん　ちょっと待ってください。神はいつ宇宙を創ったんですか。現代の宇宙物理学によると、宇宙ができたのは確か百三十八億年前ですけど、そのとき神が宇宙を創ったのなら、「百三十八億年前」という時点において創ったんじゃないでしょうか。時点というのは時間上のある点のことですよね。だったら、神が宇宙を創造するときに時間はもう存在しているんじゃないでしょうか。

T先生　いやいや。我々は神が時間を創ったあとに存在しているから、「何年前」という言い方ができるんだ。でも、今そう言えるからと言って、宇宙創造以前の視点に立って、たとえば「宇宙創造の十億年前は、今から百四十八億年前だ」と言えるとは限らないよ。

Sくん　でも、神は時間の中でこの宇宙を創ったわけですよね。

T先生　違う。神は時間の外でこの宇宙を創ったんだ。そして、この**宇宙に備わる時間も、宇宙が創造されたときに一緒に創造されたんだ。**

Sくん　じゃあ、宇宙創造以前に時間は存在しなかったんですか。

T先生　そうだよ。宇宙創造以前に時間は存在しなかった。

Sくん　あ、T先生、今「宇宙創造以前」って言いましたよね。「以前」というのは「宇宙創造より前の時間」という意味ですよね。やっぱり時間はあるんじゃないでしょうか。

T先生　S君、うまくひっかけたね（笑）。確かに「以前」というのは、時間の存在を前提にした言い方だ。そもそも我々被造物は時間を前提した見方しかできない。世界の現在の姿は直接見ることができるけど、過去や未来の姿を直接見ることはできないよね。被造物にとって現在・過去・未来の間には越えられない壁がある。でも神にとっては、すべてが同時なんだ。神にとっては現在・過去・未来の区別はない。神は時間の外にいるからね。

Sくん　「時間の外」というのがよく分かりません。

T先生　神は宇宙の作者であり、宇宙は神の作品だ。美術作品の場合でも、作者は作品の外にいるよね。それと同じように、宇宙の作者である神は、宇宙の外にいる。そして、時間は宇宙とともに生まれた。だから、神は時間の外にいるんだ。

Sくん　ふ〜ん、神は時間の作者である。だから、神は時間の外にいる。こういうことですか。じゃ、神はどこにいるんでしょう。「どこ」って言ったらだめなのかな。

T先生　神は永遠のうちにいるんだ。

Sくん　永遠？　無限の長さの時間のことですか。

T先生　違う。たとえ長さが無限であろうと、時間は時間だ。「永遠」というのは「時間」と対比された概念だよ。**時間のうちではすべてが流れている。**これに対して、**永遠のうちではすべてが立ち止まっている。**時間のうちでは、明日が今日になるためには、今日は昨日にならなければならない。明日と今日と昨日が同時に存在することは不可能だ。でも永遠のうちに存在している神の視点からは、明日と今日と昨日は同時に存在するんだ。言わば、我々は宇宙という大きな絵の一部であり、神はその絵を外から見ている作者みたいなものだね。まあ、これはたとえに過ぎないけど。

Sくん　う〜ん、難しいですね。

T先生　**永遠と時間の対比**はアウグスティヌス（三五四〜四三〇）やトマス・アクィナス（一

二二五頃〜一二七四）というキリスト教の神学者たちが述べているよ。ともかく、ここでのポイントは、宇宙には明確な始まりがあったということだ。「時間の始まり」があったんだから。これ以上明確な始まりはないよね。

Sくん 確かにそうですね。それより前には時間がないんだから、絶対にさかのぼれないですよね。じゃあ、宇宙には終わりもあるんですか。

宇宙の終わりと最後の審判

T先生 うん、宇宙の終わりは、**神による最後の審判**だ。

Sくん 最後の審判？　「審判」って野球やサッカーの審判なら知ってますけど。

T先生 いや、その「審判」ではなくて、「裁判」と同じ意味での「審判」だよ。

Sくん つまり、「最後の裁判」という意味ですか。

T先生 そう。宇宙の歴史の最後に神がおこなう大規模な裁判だよ。

Sくん 誰が裁かれるんですか。

T先生 すべての人間だ。そのときに生きている人間だけでなく、それまでに死んだ人間もすべて裁かれる。

Sくん 死んだ人間を裁くって、どうやるんですか。

T先生 すべての死者を復活させて、そして、裁くんだ。

Sくん 一度死んだ人間が復活するんですか。

T先生 そう。全員復活する。神は全能だから、死者をよみがえらせることくらい朝飯前だよ。

Sくん 裁判の判決は人によって違うんでしょうか。

T先生 もちろん。同じだったら裁く意味がない。といっても、判決は二通りしかない。「天国行き」と「地獄行き」だ。そして、ここが重要なことなんだけど、この**判決は二度と変更されることはない**。天国に行った人はそこで永遠に幸福に暮らす。他方、地獄に堕ちた人はそこで永遠に苦しむ。

Sくん 確か仏教では地獄に堕ちた人でも、寿命が来たら、また生まれ変わるんでしたよね。一兆年以上の長い時間のあとですけど。キリスト教の地獄の場合、終わりはないんですか。

T先生 ない。地獄に堕ちた人は二度とそこから出られない。

Sくん 厳しいですね。

T先生　キリスト教の死生観の特徴は「一度限り」という点なんだ。もっとも、三世紀に生きたオリゲネス（一八五頃～二五四頃）という神父は「悪魔となった者も含め、地獄に堕ちた者が、改心し、やがて神によって救われて天国へ行ける」という可能性を考えた。こういう考え方の人もいた。

Sくん　オリゲネスさんのその考え方、僕は好きです。

T先生　でも、この考え方はキリスト教の中では受け入れられなかった。

Sくん　なぜですか。

T先生　被造物のうちで**自由意志を持つのは、天使と人間だけ**だ。他の動物や植物は自由意志を持たない。山や川ももちろん自由意志を持たない。そして、自由意志を持つというのは、善いことも悪いこともできるということだ。犬が人を噛んで怪我をさせても犬の責任にはならず、飼い主の責任になるけど、これは「犬は自由意志を持たない」と考えられているからだろうね。

Sくん　すると、自由意志って「悪をおこなう能力」ということになりませんか。

T先生　そのとおりだ。**自由意志とは、悪をおこなう能力であり、かつ、善をおこなう能力**だよ。

Sくん　天使も自由意志を持つというお話でしたけど、じゃあ、天使も悪をおこなえるんですか。天使って神様の家来みたいなものですよね。

T先生 天使は自由意志を持っているから、悪をおこなうことができる。最大の悪は神に逆らうことだ。**神に逆らった天使が悪魔**だよ。

Sくん えーっ、悪魔ってもともと天使だったんですか。

T先生 そう。悪魔というのは、堕落した天使、すなわち、堕天使（だてんし）だ。

Sくん 悪魔って神の敵ですよね。それが、もともと神の家来だったなんて本当ですか。

T先生 神が宇宙を創造する前は、神以外なにも存在していなかった。だから、悪魔の起源も究極的には神なんだよ。しかし、神が悪魔を直接創造するはずはないよね。神が創造した天使が自分の意志で神に逆らい、悪魔になった。こういうことだよ。

Sくん ふ〜ん、知りませんでした。

T先生 自由意志を持つことで神に逆らえるのは天使だけじゃない。人間も同じだ。人間も自由意志を持っているから、善いことも悪いことも自分で選ぶことができる。自分で悪を選んだ結果、地獄行きの判決が出るんだ。とすれば、地獄行きも結局自分で選んだことになる。だから、一度地獄に堕ちた人間は永遠にそこに留まるのが正しい。キリスト教ではこう考えるんだ。

Sくん それなら、いっそ、人間が自由意志を持たないように神様が人間を創ってくれていたら、誰も悪いことができないですよね。そしたら、誰も地獄に堕ちなくてすんだでしょうに。

T先生　S君は、「自分の意志で何かを選ぶ」ということが一切できない人生を望むかい。

Sくん　う〜ん、それも嫌ですね。

T先生　せっかく神が自由意志を持たせてくれたのに、その自由意志を悪く使った人が、地獄に堕ちるんだ。つまり、その人が悪いことをしたのは神の責任ではなくて、本人の責任だ。キリスト教ではこんなふうに考えているんだよ。一度限りの人生に対して一度限りの審判が下る。人生も審判もやり直しはない。

Sくん　それにしても厳しいですね。

死から最後の審判までの間

T先生　始まりと終わりのある一度限りのこの宇宙の歴史の中で、各人は一度限りの人生を生きている。だから、S君も、一度限りの宇宙の歴史の中で、S君としての一度限りの人生を生きているんだ。

Sくん　この宇宙の歴史の中で、僕は僕以外の何者でもない。そう考えると、今のこの人生がすごく貴重な気がしてきます。

T先生　宇宙の歴史の中だけじゃないよ。S君はS君のまま、天国か地獄で永遠に生き続ける。

Sくん　永遠に僕は僕以外の何者でもない。うわあ、なんだかすごいですね。

T先生　仏教の場合、輪廻したら、他の人間や動物に生まれ変わるから、もうS君ではなくなる。盆の場合、三十二年間は精霊（しょうりょう）として子孫の家を訪れるけど、そのあとは、祖霊に融け込むから、もうS君という個人ではなくなる。儒教の場合、もともと、個人は生命の連続体としての家の一部にすぎない。これらの考え方に比べると、キリスト教の場合、**人間の個別性が永遠に維持される**という点が特徴だね。

Sくん　仏教の場合でも、浄土に往生する場合は、僕は僕のままですよね。

T先生　そのとおりだよ！　よく覚えていたね。S君はS君のまま往生し、浄土でいつまでも幸福に生き続けるんだ。だから、仏教の浄土とキリスト教の天国はよく似ている。どちらも「**別の世界で永遠に生き続ける**」**パターン**なんだ。

Sくん　でも、キリスト教の場合、死んでから最後の審判までの間はどうなっているんですか。死んだらすぐに天国へ行くんだと思っていましたが、違うんでしょうか。浄土には死んですぐ行けますけど、天国の場合、宇宙の終わりにおこなわれる最後の審判まで待たなきゃだめなんでしょうか。

T先生 その点に関しては、キリスト教徒の間でも考えが分かれているんだ。たとえば、死ぬと魂はすぐに眠りにつき、最後の審判の直前に眠りから覚めるという考え方がある。宗教改革者のルター（一四八三～一五四六）がこう考えていたようだ。眠っている間は夢もまったく見ない。だから、本人からしたら、死んだ直後に最後の審判が始まるように感じるんだ。

Sくん 何万年も眠っていても、それに気づかずに目覚めるということですか。

T先生 そうだよ。他には、死んだら完全に消滅して、最後の審判の直前に復活するという考え方もある。これはキリスト教の中ではかなり例外的だけどね。十七世紀イギリスの思想家ホッブズ（一五八八～一六七九）がこう考えているよ。

Sくん ホッブズって社会契約説を唱えた人ですよね。

T先生 うん、ホッブズは社会契約説で有名だけど、非物質的な魂の存在を認めず、身体の働きによって心の動きを説明しようとした人だ。彼は物質一元論者（つまり唯物論者）だったんだ。ホッブズによれば、死によって肉体が朽ち果てれば、魂も一緒に消滅する。しかし、最後の審判の直前に肉体が神によって復活させられるから、そのとき、心の動きも同時に復活するんだね。

Sくん へえ、ホッブズがそんなことを考えていたなんて、全然知りませんでした。

T先生 でも、多くのキリスト教徒が信じているのは、これとは違う考え方だ。それは、「死んだ直後に審判があって、天国か地獄に行き、さらに、宇宙の最後に審判がある」という考え方だ。カルヴァン派やカトリックはこう考えている。カルヴァン（一五〇九〜一五六四）というのはルターと同じ十六世紀の宗教改革者だよ。カトリックというのは、宗教改革以前からのキリスト教で、ローマ教皇が頂点にいる。

Sくん 「死んだ直後に審判があって、宇宙の最後にも審判がある」という考え方は、キリスト教の「一度限り」という死生観と矛盾しませんか。

T先生 それが、そうとも限らないんだ。カトリックでは、死んだ直後の審判を「私審判（しんぱん）」、宇宙の終わりにおこなわれる最後の審判を「公審判（こうしんぱん）」と呼ぶ。死んだ直後の審判は各人ばらばらに受けるけど、最後の審判はすべての人間が一緒に受けるからこう呼ばれているんだ。

Sくん やっぱり、「私審判」と「公審判」の二度あるんですね。

T先生 いやいや、審判は一度しかおこなわれないんだ。

Sくん ええ？　よく分かりません。

T先生　さっき、時間と永遠の違いを話したよね。

Sくん　キリスト教での「永遠」は「無限の長さの時間」のことではないという話でしたよね。

T先生　そうだよ。時間の中にいる我々被造物は「現在」と「過去」と「未来」を区別しているけど、**永遠の中にいる神にとっては「現在」と「過去」と「未来」は同時**だということだったよね。

Sくん　はい、覚えています。

T先生　だから、死んですぐおこなわれる「私審判」と遠い未来におこなわれる「公審判」とは、被造物の視点からは別々のものだけど、神にとっては同時なんだよ。

Sくん　時間の中の視点から見れば異なる時点だけど、時間の外すなわち永遠の視点から見れば同時だということですか。

T先生　そのとおり。「私審判」と「公審判」を区別するのは、時間の中にいる我々の視点からそう見えるということであって、神からしたら、一度しか審判はやっていないんだよ。

Sくん　なるほど。難しいですけど、永遠と時間の区別がポイントなんですね。

T先生　創造主である**神は永遠のうち**に存在し、他方、人間をはじめとするすべての**被造**

物は時間のうちに存在するんだ。

天国からこの世が見えるか

Sくん 天国や地獄も永遠の中にあるんですか。

T先生 そのとおり。**最後の審判が終わると宇宙は神によって破壊される。**神によって無から創造された宇宙が、神によって再び無に戻されるんだ。そして、宇宙が消滅するとき、時間も一緒に消滅する。一方、宇宙の外にある天国と地獄は、時間の中ではなく永遠の中にある。

Sくん ふ〜ん。よく「天国から見守ってください」と言いますけど、死んだ人は天国から僕らを見守っているんでしょうか。

T先生 それは非常に難しい問題だね。残念ながら、見守ることはできないようだ。まず、死んだあと最後の審判まで眠っている場合は、見守りようがない。

Sくん ルターの場合ですね。

T先生 ホッブズのように、最後の審判まで消滅している場合も、見守りようがない。

Sくん でも、死んだ人が最後の審判のあとに行く天国が永遠の中にあるのなら、話は変わってくるんじゃないでしょうか。さきほどT先生が説明した「時間」と「永遠」の違いによれば、時間の中で生きている僕たちにとって、「過去」と「現在」と「未来」の間には越えられない違いがあります。だから、僕たちから見れば最後の審判は「遠い未来の出来事」です。でも、天国にいる人たちは「時間」の中じゃなくて「永遠」の中にいるんですよね。

T先生 そのとおり。

Sくん 永遠の中では「過去」と「現在」と「未来」は同時なわけですから、最後の審判より「あと」の天国にいる死者たちが、「現在」にいる僕らを見守ることも可能じゃないでしょうか。そもそも永遠の中にいる神も僕らを見守っているんでしょうから。

T先生 S君、すばらしい推論だよ。時間と永遠の違いをよく理解したね。

Sくん それに、カルヴァン派やカトリックのように、最後の審判を待たずに、死んですぐに天国に行く場合は、「永遠」を持ち出さなくても、天国からこの世を見守れるんじゃないでしょうか。

T先生 なるほど。「天国には神がいて、神はこの世のことをお見通しだ。そして、天国にいる死者たちは神のすぐそばにいる。とすれば、天国にいる死者たちもこの世にいる我々を見守ることが可能なはずだ」。S君はこう言いたいわけだね。

Sくん そうです。だから、死んだ人は天国から僕たちを見守っていると思います。

T先生 しかし、トマス・アクィナス（彼はカトリックだ）はこう言っているんだ。「死者の魂はこの世でおこなわれていることがらを認識できない。ただし、聖人たちは、天使に等しい者だから、認識できる」。トマスによると、見守ることはできないようなんだ。

Sくん 聖人って人間ですよね。

T先生 そうだよ。優れた信者に教会が与える称号だ。アウグスティヌスやトマス・アクィナスも聖人だ。ただし、この称号はカトリックにはあるけど、プロテスタントにはない。

Sくん じゃあ、聖人でない普通の信者の場合、死んだあとに**天国からこの世にいる人たちを見ることはできない**とトマス・アクィナスは言っているんですか。

T先生 そうなんだ。また、カルヴァン派も、「死者が生きている者に対して意志表示する」ことはありえないと言っている。結局、この世にいる私たちと天国にいる死者たちの間のコミュニケーションは否定されているんだ。

Sくん ふ〜ん、なんかこれまで思っていたのと違います。

T先生 でも、この世にいる私たちは、神とだったら対話できるよ。

Sくん　えっ、神様と話せるんですか。

T先生　「祈り」というのは神との対話だからね。

Sくん　ああ、そういうことですか。

T先生　そして、神に祈ることをとおして、天国にいる死者と間接的にコミュニケーションをとることは可能だ。

Sくん　神に取りついでもらう感じですか。

T先生　そうだよ。

Sくん　さっきのトマス・アクィナスの言葉からすれば、聖人や天使に取りついでもらうこともできそうですね。

T先生　そうだね。神か天使か聖人を介して私たちが死者と間接的なコミュニケーションをとることは可能だ。でも直接的なコミュニケーションはどうも不可能なようだ。

Sくん　ふ～ん、ちょっと意外でした。

T先生　キリスト教の場合、ひとりひとりの**人間と神との間の関係**が何よりも重視される。死者と生きている者の間の関係は、盆や儒教の場合のような直接的なものではなく、あくまでも神を介したものなんだね。

Sくん　天国から見守っているんじゃないんですね。ちょっとさびしい気がします。

T先生　いや、**いつか天国で再会する**のを楽しみに生きていくんだよ。

まとめ

❖キリスト教によれば、**一度限りの宇宙の歴史**の中で各人は**一度限りの人生**を生き、同じ自分のまま、天国か地獄で永遠に生きる。

❖宇宙の始まりは、神による**無からの創造**である。神は創造主（そうぞうしゅ）であり、宇宙は被造物（ひぞうぶつ）である。

❖時間も神によって創られた。神自身は永遠のうちにいる。永遠のうちでは、現在と過去と未来は同時である。

❖宇宙の終わりは、神による**最後の審判**である。

❖最後の審判によって天国行きと地獄行きが決まる。**審判のやり直しはない**。

❖死から最後の審判までの間、死者はどうしているのか。

この点について、キリスト教徒の間で意見が分かれている。

❖ **死者からこの世は見えない。**

第五章

日本の文化は
雑食性か

複数の死生観の積み重なり

Sくん　「死んだらどうなる」ということに関して、本当にいろいろなパターンの考え方があるんですね。ちょっと整理してみます。

1　他の人間や動物に生まれ変わる（仏教の輪廻）
2　別の世界で永遠に生き続ける（仏教の往生とキリスト教の天国・地獄）
3　すぐそばで子孫を見守る（盆という習慣に表れている民間信仰）
4　子孫の命の中に生き続ける（儒教の「生命の連続体」としての家）
5　自然の中に還る
6　完全に消滅する

5の「自然の中に還る」パターンと6の「完全に消滅する」パターンの説明はまだですけど、これら六つのパターンがすべて僕らの心の中にあるんですね。

T先生　そうだね。人によって違った割合でこれらのパターンが混ざっているんだ。だから、どのパターンもそれなりに説得力があるように感じられるんじゃないかな。

Sくん ええ、本当のことは死んでみないと分からないですから、どれも当たっているような、当っていないような、すっきりしない感じがします。でも、どうしてこんなにいろいろなパターンが僕らの心の中に混ざっているんでしょう。

T先生 これらのパターンは、**地層のように、私たちの心の中に積み重なっているん**だ。

Sくん 「地層のように」ってどういうことですか。

T先生 仏教は六世紀に日本に伝わってきた。今から約千五百年前だ。

Sくん 仏教はもともとインドで生まれ、中国に伝わり、そして、日本に伝わってきたんでしたよね。

T先生 そうだね。同じころ、儒教も中国から日本に伝わってきた。

Sくん そして、お盆の習慣は仏教や儒教よりも古いものでしたね。

T先生 そう。七世紀から盂蘭盆会(うらぼんえ)という仏教行事としておこなわれているけれど、それ以前からおこなわれていた魂祭り(たままつり)という民間信仰が原型だと考えられる。

Sくん キリスト教はいつ伝わったんですか。

T先生 最初に伝わったのは十六世紀だ。ザビエル(一五〇六〜一五五二)というスペイン人の宣教師が伝えた。歴史の教科書で肖像画を見たことがあるんじゃないかな。

Sくん　知ってます。頭のてっぺんが禿げてる人ですよね。

T先生　禿げてるんじゃなくて、剃っているんだよ。「トンスラ」と言って修道院に入った人は髪の毛を剃ったんだ。仏教でも出家すると髪の毛を剃るよね。それと同じさ。もっとも、現代のキリスト教ではおこなわれていないけど。

Sくん　「トンスラ」って言うんですか。知りませんでした。

T先生　キリスト教は十六世紀に伝わったけど、豊臣秀吉や徳川家康によって禁止されたから、本格的に広まったのは明治維新よりあとだ。十九世紀後半だから、およそ百五十年前だね。日本ではキリスト教の信者はあまり増えなかった。現在でも日本の人口の二パーセント程度だ。しかし、西洋の文化や学問の影響力はものすごく大きかったから、知らず知らずのうちに、キリスト教の考え方も日本人の心に浸透してきたと思う。

Sくん　現代の僕たちは、いろいろな宗教の影響を受けているんですね。

T先生　そうだね。一番下の層には盆の習慣に表れている死生観があって、その次の層に、約千五百年前に伝わった仏教や儒教の死生観があり、さらにその上に、約百五十年前に伝わったキリスト教の死生観がある。ちょうど地層のように積み重なっているんだ。このように人々の心の中でさまざまな宗教が混ざりあうことは、「習合」とか「シンクレティズム（文化的重層構造）」と呼ばれている。

Sくん　そんなにたくさんの宗教が積み重なっているなんて、これまで意識しませんでした。

T先生　年末年始を思い出してごらんよ。クリスマスがあって、大晦日（おおみそか）、それから、正月。これだけでも三つの宗教と関係しているよ。

Sくん　クリスマスはキリスト教で、大晦日の除夜（じょや）の鐘はお寺だから仏教ですね。そして、正月に初詣（はつもうで）に行くのは神社だから神道か。あ、ほんとだ。**一週間の間に三つの宗教と関係**しますね。

T先生　日本人は、そのことを意識しないで生活しているんだね。

Sくん　日本の文化って**雑食性**ですね。

T先生　「なんでも食べてしまう」ということだね。ただ、外国の文化が純粋だと考えたら、それも間違いだよ。

Sくん　どういうことですか。

T先生　たとえば、キリスト教もかなり雑食性なんだ。

Sくん　え、キリスト教の中にいろいろな宗教が混じっているってことですか。

クリスマスはなぜ十二月二十五日なのか

T先生 そのとおり。キリスト教の中にも、いろいろな宗教が混じっている。さっきクリスマスのことに触れたけど、「クリスマス」って何の日?

Sくん クリスマスはイエスキリストの誕生日です。

T先生 何月何日だっけ。

Sくん 十二月二十四日がクリスマスイブだから、二十五日がクリスマスです。朝起きたとき枕もとにサンタさんからのプレゼントが置いてあって、うれしかったなあ。

T先生 私もそうだったなあ。でも、うちには煙突がないのに、サンタクロースがどこから入ってきたのか子ども心に不思議だったよ。

Sくん へえ、僕はそういうことは考えたことがなかったです。学者になる人は子どものときから探究心が旺盛なんですね。

T先生 キリスト教では「クリスマスはイエスキリストの誕生日だ」ということになっているけど、「イエスが十二月二十四日から二十五日にかけての夜に生まれた」と聖書に書かれているわけではないんだ。

Sくん　いつ生まれたと書いてあるんですか。

T先生　**イエスが生まれた日付は聖書には書かれていない。**イエスが生まれたときのようすは書かれているけど。しかし、そのときのようすからすると、むしろ十二月ではなさそうなんだよ。

Sくん　イエスが生まれたときのようすというのはどういうものですか。

T先生　聖書にこう書いてある。「ある夜、羊飼いたちが野宿して羊の群れの番をしていると、天使が突然現れて羊飼いたちにこう言った。『今日あなたがたのために救い主が生まれました』」。救い主というのはイエスのことだよ。

Sくん　イエスが生まれたことを天使が羊飼いたちに伝えにきたんですね。

T先生　そうなんだけど、これが「ある夜」の出来事だという点に注目してほしい。

Sくん　夜、羊の群れを放牧していたんですか。

T先生　そうだよ。「**夜間放牧**」と呼ばれるやり方なんだ。放牧されている羊にとってのエサは、地面に生えている草だ。でも、暑い季節だと、昼間は気温が上がりすぎるせいで羊は食欲がなくなり、草を食べなくなる。そこで、気温の下がる夜に放牧して草を食べさせる。羊が快適に過ごせるのは摂氏十度から十五度の範囲で、二十五度を超えると食欲がなくなるそうだ。イエスが生まれた国では（今のイスラエルのある場所だよ）夏は最高気温が二十五度を超える。だから、暑い季節は気温の下がる夜に放牧するんだね。

Sくん じゃあ、イエスが生まれたのは暑い季節なんですか。

T先生 さっき引用した聖書の描写が正確なら、その可能性が大きい。少なくとも冬ではない。イスラエルでは、冬は昼でも気温は十五度以下だから、わざわざ夜に放牧する必要はない。それに、イスラエルの冬は一年中で最も降水量の多い季節なんだ。逆に、夏は乾季で雨が少ない。冷たい雨の降る冬の夜に羊を外に出すということはなかったと思う。

Sくん じゃあ、なぜイエスの誕生を十二月二十五日に祝うんでしょうか。

T先生 クリスマスが十二月二十五日になったのは四世紀のことなんだ。四世紀というのは、キリスト教の教義が固まる時期であるし、キリスト教がローマ帝国の国教（国の宗教だね）になった時期でもある。そのときクリスマスの時期も確定したんだ。でも、それまで十二月二十五日は別の宗教のお祭りの日だったんだよ。

Sくん 別の宗教！　何という宗教ですか。

T先生 ミトラス教（ミトラ教、ミスラス教とも）という宗教で、アジアから伝わってきた宗教だ。ミトラスという神は太陽神なんだ。

Sくん 太陽神って何ですか。

T先生 太陽そのものを神格化して、神様だと考えたものだ。日本で言う「お天道様」みたいなものだよ。ミトラス教は二世紀から三世紀にかけて古代ローマ帝国で大流行した。

Sくん そんな宗教があったんですね。知りませんでした。

T先生 そして、ミトラス教の最大の祭りが十二月二十五日におこなわれていた。

Sくん なぜ十二月二十五日なんでしょう。

T先生 冬至の日は（毎年変わるけど）だいたい十二月二十一日か二十二日だ。

Sくん 冬至というのは昼間の時間が一年中で一番短い日ですよね。

T先生 そうだね。冬至を過ぎると昼が少しずつ長くなっていく。まるで弱っていた太陽が再生したみたいだ。だから、太陽神ミトラスの再生を祝う意味で、冬至の三、四日あとの十二月二十五日に祭がおこなわれていたんだね。ただ、「古代ローマ帝国で使われていた暦だと、十二月二十五日が冬至だった」という説もあるから、この説が正しければ、まさに冬至の日に太陽神ミトラスの再生を祝う祭りをやっていたことになる。

Sくん なるほど。でも、どうして「**太陽神ミトラスの再生を祝う祭り**」が「イエスキリストの誕生日」になったんでしょう。

T先生 さっきも言ったけど、四世紀にキリスト教はローマ帝国の国教になった。「国教になった」ということは、「**キリスト教以外の宗教はすべて禁止**された」ということだ。つまり、ミトラス教の祭りも禁止されたんだ。

Sくん　そしたら、十二月二十五日のミトラス神の祭りはなくなったはずじゃないでしょうか。

T先生　いや、ミトラス神の再生を祝うのはだめだけど、イエスの誕生を祝うのはオーケーなんだよ。楽しみにしていた祭りができなくなったら、みんな面白くないよね。だから、「祭りはやってもいい。でも、祭りの意味は変える」という政策が取られたんだね。

Sくん　ふ〜ん、宗教というのも結構いいかげんですね。

T先生　いやいや、一つの宗教が広まるときに、他の宗教の要素を取り入れるという現象はよくあるよ。インド仏教が中国に伝わって儒教の影響を受けて変化したのも同じ現象だ。それと、クリスマスに関して、もう一つ別の宗教からの影響を指摘する説もある。

Sくん　どんな宗教ですか。

T先生　ローマ神話に出てくる**サトゥルヌスという農業の神**だ。人間に農業を教えてくれた神様だよ。当時のローマ帝国ではいろいろな宗教が共存していたんだ。人々は十二月にサトゥルヌスを祝う祭をやっていた。十二月十七日から一週間、十二月二十四日まで飲めや歌えの**どんちゃん騒ぎ**をしたそうだ。その年の収穫を感謝し、来たるべき新しい春に生命が再生して豊かな作物が育つことを願ったんだろうね。まあ、騒ぐのが好きな人が多かったんだろうけど。

Sくん　へえ〜、今の日本で、キリスト教の信者でもないのにクリスマスにパーティーをやって大騒ぎする人がいますけど、それと似てますね。

T先生　キリスト教は、ミトラス神やサトゥルヌス神のようなキリスト教以外の宗教の行事を取り入れていったんだ。

Sくん　ふ〜ん、そういう例はクリスマスだけですか。他にもあるんですか。

T先生　あるよ。たとえば、ハロウィーンだ。

ハロウィーン・イースター・マリア崇拝

Sくん　ハロウィーンって、いろんなコスチュームを着て楽しむ行事ですよね。

T先生　十月三十一日の夜、子どもたちが魔法使いとかお化けの扮装をして、近所の家を回るんだ。「トリック・オア・トリート（お菓子をくれなきゃいたずらするぞ）」と言いながらね。そしたら、それぞれの家でお菓子をもらえるんだよ。

Sくん　子どもの行事だったんですか。今の日本では大人もやってますよ。いろんなコスチュームを着て街に出て、はしゃいでいます。

T先生　若い人の中にはそういう人もいるみたいだね。欧米ではずっと子どもの行事だった。だけど、大昔は大人が扮装していたんだ。だから、今の日本のハロウィーンは、むしろ大昔の姿に近くなったと言えるかもしれないね。

Sくん　そもそもハロウィーンって何なんですか。

T先生　ハロウィーンの翌日の十一月一日は「諸聖人の日」とか「万聖節（ばんせいせつ）」と言って、すべての聖人を祝う日なんだ。聖人にはそれぞれの記念日がある。たとえば、聖アウグスティヌスの祝日は八月二十八日で、聖トマス・アクィナスの祝日は一月二十八日だ。これとは別に、すべての聖人のための記念日が十一月一日の諸聖人の日なんだよ。そして、クリスマスの前夜祭がクリスマスイブであるように、諸聖人の日の前夜祭がハロウィーンなんだ。

Sくん　でも、なぜ聖人を祝う日の前の晩に、いろんな扮装をするんですか。聖人たちってコスチュームが好きだったんでしょうか。

T先生　それはないよ。ハロウィーンはもともとキリスト教とは関係がなかったんだ。古代のヨーロッパにケルト人という民族がいたんだけど、彼らの宗教である**ドルイド教**では、十月三十一日は**死者の魂がこの世に戻ってくる日**だった。

Sくん　日本のお盆みたいですね。

T先生　ところが、死者の魂はいつまで経っても、あの世に帰ろうとしない。生きている人に憑(と)りついてこの世に留まろうとする。

Sくん　う〜ん。お盆の精霊(しょうりょう)とはずいぶん違いますね。憑りつかれたら嫌だな。

T先生　そこで、死者の魂に憑りつかれないように、魔法使いやお化けのような怖いものに扮したんだ。だから、もともとは大人たちが扮装したんだよ。

Sくん　へえ、**ハロウィーンの扮装って、魔よけみたいなもの**だったんですね。その行事がキリスト教に取り入れられたんですね。

T先生　そうだね。行事としては残ったけど、行事の意味付けはまったく別のものになった。「死者がこの世に戻る日」から「聖人の記念日の前夜祭」に変わったんだ。

Sくん　クリスマスが、「ミトラス神の再生のお祝い」から「イエスキリストの誕生日」に変わったのと同じですね。

T先生　そうだね。ケルト人の宗教であるドルイド教は、一種の森林崇拝だ。森の中のヤドリギを神聖視するんだよ。

Sくん　ヤドリギって何ですか。

T先生　ヤドリギというのは、他の木に寄生して育つ植物だよ。冬になると、他の木は葉っぱが落ちて枝だけになるけど、ヤドリギは葉の落ちた他の木の枝の途中に青々と大きなボールのように茂るんだ。だから、とても目立つんだよ。ケルト人はヤドリギの下で儀式をおこない、ヤドリギを切り取って飲み物や薬にした。とても効果があったらしいよ。

Sくん ハロウィーンの背後にそんな宗教があったなんて知りませんでした。

T先生 キリスト教の中に、それ以前の他の宗教が流れ込んでいるんだ。具体例は他にもあるよ。日本ではあまり有名じゃないけど、春の行事であるイースターもそうだ。イースターというのは日本語では「復活祭」と言って、十字架の上で死んだイエスが三日後に復活したことを祝う日だ。だけど、もともとはゲルマン民族の春祭りだよ。

Sくん へえ、今度はゲルマン民族ですか。

T先生 似たような例はいくつもあるよ。キリスト教には「マリア崇拝」とか「マリア崇敬」と呼ばれる現象がある。マリアというのはイエスの母親だ。カトリックでは「聖母マリア」と呼ばれ、私たちが神に祈るとき神が耳を傾けてくれるよう、マリアがわきから言葉を添えてとりなしてくれると信じられている。カトリックの教会にはマリアの彫像や絵画がよく飾られているよ。S君は、パリにあるノートルダム大聖堂という建物を知ってるかい？

Sくん 名前は知っています。世界遺産ですよね。

T先生 そうだね。この「ノートルダム」というのはフランス語で「私たちの婦人」という意味だ。聖母マリアのことだよ。ノートルダム大聖堂は、パリだけでなく、フランス各地やベルギーやカナダなど、あちこちに建てられている。

Sくん　じゃあ、「ノートルダム大聖堂」というのは「聖母マリア大聖堂」という意味ですね。

T先生　そうだね。昔からマリアはカトリックの信者から崇拝されてきた。たとえば、カトリックで最も頻繁に用いられる祈りの言葉は「主(しゅ)の祈り」と言って、神に語りかけるものだけど、二番目によく用いられるのは「アヴェ・マリアの祈り」と言って、聖母マリアに語りかけるものだよ。

Sくん　聖母マリアってすごく大事にされているんですね。

T先生　十九世紀に南フランスのルルドという村の洞窟で少女の前に聖母マリアが現れるという事件が起こった。その後、その洞窟の泉の水を飲むと病気が治ると信じられるようになり、現在もルルドには年間数百万人の人々が訪れているんだ。

Sくん　へえ、今でも信じられているんですね。

T先生　観光目的の人も多いだろうけどね。ところで、このような**マリア崇拝はキリスト教以前の女神(めがみ)信仰のなごり**だと考える宗教学者もいる。

Sくん　女神信仰ですか。

T先生　キリスト教以前の多神教の世界では、男の神や女の神、いろいろな性質を持った神々がいた。たとえば、**大地の女神である地母神**(ちぼしん)は多くの古代宗教に存在していた。他方、キリスト教は一神教だから、神は一人しかいない。神に性別はないはずだけど、聖書を読むと、この宇宙を創った神はどうも男性のように描かれている。でも、女神を求める人間の心理（それは、ある種の「母なるもの」を求める心理だろうね）はそのまま残っている。その心理に応えるものがマリア崇拝だった。こういう説だ。

Sくん　T先生はその説に賛成ですか。

T先生　賛成だ。どの宗教についても言えることだけど、その宗教の公式見解と一般の信者たちの信じていることとの間にずれがあるのは、よくあることだよ。ほとんどの信者は難しい理論的説明を知らないし、それに、理屈だけで人間は動かないからね。だから、「キリスト教の長い歴史の中で、一般の信者たちが聖母マリアをあんなにも大切にしてきたのはなぜなのか」という理由を考える際、広い視点から考えることが必要だと思う。

Sくん　クリスマスにしても、ハロウィーンにしても、イースターにしても、マリア崇拝にしても、**キリスト教の中にそれ以前の宗教のなごりが入り込んでいる**んですね。

T先生　そのとおり。だから、キリスト教だって雑食性なんだ。日本の文化が雑食性なのは確かだけど、**西洋の文化だって雑食性**なんだよ。

Sくん　文化って、他の文化と影響を与えあった歴史を持っていますから、どの文化も多かれ少なかれ雑食性なのかもしれませんね。

T先生　まさにそのとおりだよ。S君、じょうずにまとめてくれたね。

まとめ

❖日本人の心の中では、盆に表れている**古来の死生観**の上に、千五百年ほど前に伝わった**仏教や儒教の死生観**が重なり、さらに、百五十年ほど前に伝わった**キリスト教の死生観**が重なっている。

❖日本人は、年末年始の一週間で、キリスト教、仏教、神道の**三つの宗教と関わる**が、特に意識していない。

❖日本の文化も西洋の文化も**雑食性**である。

❖クリスマスは、もともとは**ミトラス教の太陽神の復活を祝う祭り**だった。

❖ハロウィーンは、もともとは**ケルト民族のドルイド教の行事**だった。

❖キリスト教のマリア崇拝の起源は、**古代の女神信仰**である。

第二部

心身問題を考える

第六章
魂の存在を証明できるか
デカルトの試み

一週間後。哲学担当のT教授の研究室に学生のS君がまたやってきた。今日はQさんも一緒だ。Qさんは普段から、かなり鋭い質問をする学生である。

魂は不滅なのか

T先生　やあ、今日はQさんも一緒なんだね。

Qさん　S君から話を聞いて、おもしろそうだなと思ったので、来ました。

Sくん　というか、僕がT先生から聞いた話をQさんにしたら、彼女からいろいろ質問されたんです。でも、僕には答えられない質問が多いものですから、「それなら、T先生に直接たずねてみたら」って勧めたんです。

T先生　なるほど。Qさん、どんな質問があるのかな?

Qさん　はい。「日本人の心の中にさまざまな死生観がある」というお話ですけど、人々がそのように信じてきた歴史があるのは事実だと思います。でも、私たちが同じように信じるべきかどうかは全然別の話ですよね。

T先生　それは、そうだね。

Qさん　ここまで話に出た死生観って、「死んだあとに何か魂みたいなものが残る」ということを前提にしていると思います。

T先生　そうだね。

Qさん　でも、この前提そのものは問題になっていなかったんじゃないでしょうか。

T先生　そのとおりだね。

Qさん　私としては、**「死んだあとに何かが残る」と考えてよい理由**が本当にあるかどうかを知りたいんです。そんなふうに信じている人がこれまでたくさんいたことや、今もたくさんいることは事実だと思います。でも、そう考えることが正しいかどうかは多数決で決まるはずはないですよね。

T先生　そうだね。ほとんどの人が「地球は平らだ」と信じていた時代があるけど、だからと言って、それが正しい考えだということにはならないものね。

Qさん　「死んだあとに何かが残る」と考えてよい理由はあるんでしょうか。

T先生　それは大変難しい問題で、決定的な答えは誰も出していないと思う。ただ、デカルト（一五九六～一六五〇）が一つの答えを出している。

Sくん　デカルトって「我思う故(ゆえ)に我あり」って言った人ですよね。

Qさん　フランスの哲学者ですよね。

T先生　そうだよ。デカルトは一六四一年に『省察（せいさつ）』という本を出版した。これはデカルトの主著だ。この本のサブタイトルは「ここで神の存在および魂の不滅が証明される」というものなんだ。

Qさん　デカルトは、「死んだあとに、魂が残る」と考えていたんですか。

T先生　そうだよ。「自分はそれを証明した」と彼はこの本のサブタイトルで言っているわけだ。

Sくん　へえ、どんな証明ですか。

T先生　その証明をひとことで言えば、「**物質の存在を疑うことはできる。これに対して、心の存在を疑うことはできない。したがって、物質が無くても心は存在できる**」というものだよ。

Sくん　シンプルすぎて、よく分かりません。

T先生　うん、ていねいに見ていこう。

魂不滅の証明の仕組み

T先生　まず、証明全体の仕組みを説明するよ。この証明は、二つの前提から一つの結論を導き出している。「物質の存在を疑うことはできる」を前提①、「心の存在を疑うことはできない」を前提②としよう。そして、結論の「物質が無くても心は存在できる」を結論③としよう。

Sくん　前提①と前提②から結論③を導き出すわけですね。つまり、

前提①「物質の存在を疑うことはできる」
前提②「心の存在を疑うことはできない」
結論③「物質が無くても心は存在できる」

こんなふうな推論ですね。

T先生　そのとおり。結論③は「心の存在は物質の存在に**依存していない**」とか「心の存在は物質の存在から**独立である**」と言いかえてもいい。

Sくん　前提①②から結論③はどのようにして導かれるんですか?

T先生　まず、前提①の「物質の存在を疑うことはできる」ということから「物質は存在していない可能性がある」ということが導ける。これを命題④と呼ぼう。

Qさん　ちょっと待ってください。勘違いで疑う場合があるんじゃないでしょうか。「疑うことができる」から「存在していない可能性がある」を導いていいんでしょうか。

T先生　いい質問だね。それでは、前提①の「物質の存在は疑うことができる」から命題④「物質は存在していない可能性がある」を導けるかどうかについては、あとで検討しよう。

Qさん　分かりました。

T先生　次に、前提②の「心の存在を疑うことはできない」ということから、「心は存在していない可能性がない」つまり「心は必ず存在している」ということが導ける。これを命題⑤と呼ぼう。

Qさん　ちょっと待ってください。「存在を疑うことができない」から「存在していない可能性がない」ということが導けるんでしょうか。疑う人の能力不足のせいで間違っている場合があると思います。

T先生　さっきと同じ疑問だね。さっきのQさんの疑問は「疑いの可能性」（前提①）から「非存在の可能性」（命題④）を導いていいのか、という疑問だった。今のは、「疑いの不可能性」（前提②）から「非存在の不可能性」（命題⑤）を導いていいのか、という疑問だね。

Qさん　そうです。勘違いや思い込みのせいで疑えないだけなのかもしれませんから。

T先生　確かに、誰かが「私は雪男の存在を疑うことができない。だから、雪男が存在していない可能性はないのです。つまり、雪男は必ず存在しているのです」と言ったら、賛成できないよね。

Qさん　そうです。

T先生　では、前提②の「心の存在を疑うことはできない」から命題⑤「心は存在していない可能性がない」を導けるかどうかについても、あとで検討しよう。

Sくん　デカルトの議論が正しければ、前提①②から、命題④「物質は存在していない可能性がある」と命題⑤「心は存在していない可能性がない（心は必ず存在している）」が導けることになりますね。ここから結論③「物質が無くても心は存在できる」が出てくるんですか。

T先生　そうだよ。命題④によれば、物質が存在していない可能性がある。すると、もし**心の存在が物質の存在に依存しているなら、物質が存在しない場合、心も存在できない**ことになってしまう。

Sくん　もし心の存在が物質の存在に支えられているとしたら、物質が存在しない場合、支えを失った心も存在できなくなる。こういうことですか。

T先生　そのとおり。ところが、命題⑤によれば、**心が存在していない可能性**はないはずだ。つまり、「心の存在は物質の存在に依存している」と考えると命題⑤と矛盾してしまう。ということは、「心の存在は物質の存在に依存していない（すなわち、物質が無くても心は存在できる）」と考えるべきだったんだ。これが結論③だ。

Sくん　ちょっと整理してみます。

前提①「物質の存在を疑うことはできる」（疑いの可能性）
↓命題④「物質は存在していない可能性がある」（非存在の可能性）
前提②「心の存在を疑うことはできない」（疑いの不可能性）
↓命題⑤「心は存在していない可能性がない」（非存在の不可能性）
命題④と命題⑤から次の結論③が出てくる。
結論③「物質が無くても心は存在できる」（心の存在は物質の存在に依存しない）

デカルトの議論はこういう仕組みになっているということですね。

T先生　そのとおり。

Sくん　「物質が無くても心は存在できる」ということは、身体（これは物質です）がなくても、心だけで、つまり、魂だけで存在できる、ということですね。つまり、**死んで身体が**

なくなっても、魂は不滅だということですね。

T先生 デカルトの証明が正しければ、そうなるね。

Qさん う～ん、さっきも言いましたけど、前提①から命題④を導くところと、前提②から命題⑤を導くところがやはり納得できません。それに、命題④⑤から結論③を出すところも何か怪しい感じがします。

Sくん 要するに、全部納得いかないってことだね（笑）。

T先生 それでは、まず、前提①「物質の存在を疑うことはできる」から命題④「物質は存在していない可能性がある」が導けるか三人で検討してみよう。

悪霊にだまされる私

T先生 S君、Qさん、「物質の存在を疑う」というのはどういうことだと思う？

Sくん う～ん。SF小説のタイムスリップなんてあてはまるかもしれないです。

T先生 タイムスリップって時間旅行のことだよね。

Sくん そうです。今この部屋の窓はブラインドがおろしてあるから外が見えません。でも、実は、いつの間にか僕たちはこの部屋ごと未来へタイムスリップしているのかもしれません。ブラインドを上げて、外を見たら、そこは、未来の砂漠化した地球なんです。だから、「窓の外にある」と今僕たちが信じている他の建物や桜の木なんかは実は存在しないのかもしれない。

T先生 おもしろいね。

Sくん こんなふうに考えることは、「物質の存在を疑う」という一例になりませんか。

T先生 いやあ、実におもしろい。

Qさん S君、それは違うと思う。命題④は「物質が存在していない可能性がある」と言ってるんだから、たとえ砂漠化していても部屋の外に何かの物質が存在していることに変わりはないんじゃない？　だから、タイムスリップの例は「物質の存在を疑う」こととは違うと思う。

T先生 S君には悪いけど、Qさんの言うとおりだね。デカルトの言っている「物質の存在を疑う」というのは、個々の物体（建物とか木とか）じゃなくて、物質の世界全体を疑うことなんだ。

Sくん そうなんですか。そしたら、この部屋の外だけでなく、部屋の中の物質の存在も疑うということですか。

T先生　そうだよ。

Sくん　じゃあ、今**ここにある机とか椅子なんかの存在も疑う**んですか。

T先生　そのとおり。

Sくん　う〜ん、目の前の机や椅子が「もしかしたら存在していないかもしれない」って考えるのは、ちょっと無理みたいな気がします。幻覚を見てるということですかね。でも、たとえ、これらの机や椅子が幻覚だとしても、この部屋自体はやっぱり存在していますよね。なんらかの物質が存在していることはどう頑張っても否定できないような気がしますけど。

T先生　ところがデカルトは「物質が一切存在していないと想定することができる」と言うんだよ。

Qさん　一切の物質が存在していないのなら、自分自身の身体さえ存在していないことになりませんか。

T先生　そうなる。実際、デカルトは、**自分の身体の存在さえ疑うことができる**と言っている。

Sくん　そんなことができるんですか。

T先生　デカルトはこう言うんだ。「最高の力とずる賢さを持つ**悪霊**（あくりょう）が、私をあざむくことに全力を傾けているのだと仮定しよう」（『省察』）

Sくん　悪霊ですか。

T先生　そう。悪霊が私をだましてるんだ。日本では「タヌキやキツネに化かされて、葉っぱをお金だと勘違いする」という民話があるけど、この悪霊はタヌキやキツネよりもはるかに強力なんだ。その悪霊が全力で私をだましているんだよ。

Sくん　その悪霊はどんな勘違いをさせるんですか。

T先生　本当は目の前に机も椅子もないんだ。机や椅子が見えているのは悪霊にだまされているからさ。

Sくん　でも、この部屋そのものは存在してますよね。

T先生　いや、部屋が存在していると思っているのも、悪霊にだまされてそう信じこんでいるだけなんだ。

Qさん　私は自分の手をこうやって動かすことができますけど、これも悪霊にだまされているんですか。

T先生　そのとおり。本当はこんな身体なんか存在しないんだ。でも、悪霊にだまされてそう信じこんでいるんだ。

Qさん　この部屋も私の身体も本当は存在しないのに、悪霊にだまされて「存在している」と勘違いしているということですか。

T先生　そうだよ。デカルトはこう言う。「私自身は、手も眼も肉も血も感覚も持たないのだが、これらのものを持っていると間違って信じているのだと考えよう」

Qさん　「考えよう」というのはどういうことですか。

T先生　「悪霊にだまされていると想定してみよう」ということだよ。この想定が可能だということは、すなわち、**物質の世界全体を疑う**ことが可能だということだ。デカルトはこう言う。「天も空気も地も色も形も音も、その他外界の一切の事物は夢幻(ゆめまぼろし)にすぎず、この夢幻によって悪霊が私の信じやすい心に罠をかけていると考えよう」

Sくん　「宇宙にある星や太陽もこの地球も全部が幻だ」と想定するんですか。

T先生　そうだよ。悪霊に思い込まされているだけなんだ。

Qさん　**科学者が発見した自然法則**も幻なんですか。

T先生　Qさん、どんな自然法則があるかを君はどうやって知った?

Qさん　学校の授業や本から学びました。

T先生　それらの授業や本そのものが、悪霊が君に見せていた幻なんだよ。

Qさん　どんな事物も悪霊に見せられている幻想かもしれないということですか。

T先生　そうだよ。

Qさん　ちょっと待ってください。すべての事物が幻想だとしたら、**今私が話をしている**
T先生も悪霊が見せている幻想だということになりませんか。

T先生　Qさん、すばらしい指摘だよ！　そのとおりだよ。Qさんは今幻想の中でTと話
していているんだよ。本当はTなんて人間は存在しないんだよ。

Qさん　「本当はTなんて人間は存在しない」というのをT先生自身の口から聞くのって
なんか変な感じです。

T先生　小説の中の登場人物が読者に向かって「私は実在の人物ではありません」と語り
かけても問題ないよね。それと同じようなことだよ。私は実在しないんです！

Qさん　う〜ん、やっぱり変な感じです。そもそも、ここまでの議論で、前提①「物質の
存在を疑うことはできる」ということが示されたんですか。

T先生　示されたはずだよ。「本当は物質界（物質の世界のこと）なんて存在しないのに、悪
霊にだまされて物質界の存在を信じこんでいる」と想定できるということは、物質の存在
を疑うことができるということだからね。

Qさん　でも、そのような疑いの可能性から、命題④の「物質は存在していない可能性が
ある」は帰結するんでしょうか。

T先生　デカルトによると帰結するはずなんだけど、Qさんはどう思う？

Qさん　確かに、「物質の存在を疑う」と言っても、個々の物体の存在を疑っているわけではないですね。個々の物体の存在を疑う場合は、勘違いということがよくありますけど。

T先生　そうなんだ。物質界全体の存在を疑っているんだ。

Sくん　それって、ものすごく極端な疑いですよね。非常識というか。

T先生　S君、君の持っている常識自体が悪霊にだまされた結果なんだよ！

Sくん　わあ、何を言っても悪霊のせいになりそう。

Qさん　デカルトの「疑い」というのは、「常識とか科学とかを認めた上で個々の物体の存在を疑う」というタイプの疑いではなくて、「**常識や科学そのものを疑う**」というタイプの疑いですよね。

T先生　そのとおり。私たちの知識の成立そのものをデカルトは問題にしているんだ。物質に関する私たちの知識はそれほど確かなものではない。つまり、「物質は絶対に存在しているはずだ」と言えるだけの根拠を実は私たちは持っていない。デカルトはこう言いたいんだろうね。

Sくん　でも、そんなになんでも疑うことにしたら、疑えないものなんか何も残らないんじゃないですか。

Qさん　私もそう思います。そこまで極端に疑ったら、「存在していると言えるものは何一つない」というところまで行ってしまいませんか。「絶対に存在しているはずだ」と言えるだけの根拠を私たちが持っているものなんてあるんでしょうか。デカルトの極端な要求を満足させるものなんて何もないんじゃないでしょうか。今私が話をしているT先生すら本当は存在していないかもしれないというんですから。

T先生　それが、違うんだ。**どんなに強力な悪霊を想定しても、絶対に存在を否定できないものが一つだけ残る**んだ。

Sくん、Qさん　何ですか、それは。

我思う故に我あり

T先生　悪霊にだまされている私だよ。私がいなかったら、悪霊がだます相手がいないものね。たとえ常識や科学そのものを疑ったとしても、**疑っている私自身の存在は疑えない**ということだよ。

Sくん　なるほど！　相手がいなかったら、悪霊もだましようがないですね。

Qさん　でも、私が今話しているT先生は悪霊が私に見せている幻ですよね。とすれば、「悪霊にだまされている私の存在は絶対に否定できない」とT先生が言うのは矛盾してませんか。T先生の言う「私」ってT先生自身のことですから。

T先生　Qさん、鋭いね。絶対に存在を否定できない「私」というのは、疑っている本人だけに限られるよ。だから、Qさんが否定できないのはQさん自身に限られる。

Sくん　でも、T先生にとってはT先生自身の存在は否定できないんですよね。

T先生　「そうだ」と言いたいところだけど、もし私が「私にとっては私の存在は絶対に否定できない」と言ったら、そう言っているTは、QさんやS君にとっては、悪霊に見せられている幻想かもしれないよね。

Qさん　今「QさんやS君」っておっしゃいましたけど、私にとってT先生が幻想なら、S君だって私にとって幻想です。つまり、**絶対に存在を否定できないものは、世界の中で私ただ一人**です。

T先生　そのとおりだね。

Sくん　ええ？　どういうこと？

Qさん　T先生もS君も世界中の人類全員も、そして、この部屋も地球も太陽も空の星も、すべて悪霊が私をだまして「存在している」と私に信じこませているだけで、本当はそんなものは存在していないのかもしれない。でも、「本当はそんなものは存在していないのかもしれない」と思っている私の存在だけは絶対に否定できない。こういうことですよね。

T先生　そのとおり。

Qさん　だから、デカルトの極端な要求を満足させることができるのは、世界の中でこの私の存在だけ。私の存在だけは、「絶対に存在しているはずだ」と言えるけど、他のものについてはそこまで言える根拠はない。

T先生　そのとおり。

Sくん　じゃあ、宇宙の中で存在していると確実に言えるのは、Qさんだけ、ってこと？

Qさん　そう。私だけ。ただし、私が何者なのかは疑うことができる。だって、私のこの身体が存在しているかどうかは疑うことができるし、私がQであるかどうかも疑える。そもそも私が人間であるかどうかも疑える。

Sくん　人間でなかったら、何？　宇宙人？

Qさん　分からない。ただ、「悪霊にだまされているかも」と考えている私が存在していることは疑えない。

T先生　デカルトは、「絶対に存在しているはずだ」と言える「私」のことを「心」あるいは「考えるもの」と呼んでいるよ。

Sくん 「考えるもの」ですか。

T先生 「考える」と言っても、広い意味だよ。デカルトは、「考える」というのを、「疑い、理解し、肯定し、否定し、欲し、欲さず、想像し、感覚する」と言い換えているから、「心の作用」全般だと解釈していい。

Sくん すると、デカルトは「感覚する」というのも「心の作用」に含めていることになりますけど、「感覚器官なしでも感覚できる」と彼は考えているんですね。

T先生 そうだね。夢や幻覚の場合、眼や耳などの感覚器官は働いてないけど、何かが見えて、何かが聞こえるよね。デカルトがここで言っている「感覚する」というのはそういうケースと同じだよ。

Qさん 「考えるものとしての私は絶対に存在している」というのが、「我思う故に我あり」というデカルトの有名な言葉の意味ですか。

T先生 そうだよ。「**考えるものとしての私**」すなわち「**心としての私**」の存在は絶対に否定できないということだ。物質については、強力な悪霊を想定すれば、その存在を疑うことが可能だけど、「心としての私」の存在は、どんなに強力な悪霊を想定しても否定できない。これが、前提②の「心の存在を疑うことはできない」ということだ。

Sくん　ああ、そうだった。デカルトの「魂不滅の証明」の話をしているんでしたね。忘れるところでした。確かに、「自分の心が存在している」と勘違いで思い込むというのはちょっとあり得ないですね。

T先生　たとえ何かの勘違いだとしても、勘違いしているのはやっぱり「私の心」だものね。そして、命題⑤の「心は存在していない可能性がない」についてだけど、あらゆる事物について「これらは悪霊に見せられている幻想ではないか」と疑っている最中に（つまり考えている最中に）、自分の心が存在していない可能性はない。疑っているんだから、そう疑っている心は存在しているはずだ。

Sくん　考えるのをやめたら、どうなりますか。心は存在しなくなりますか。

T先生　その可能性はある。デカルトはこう言っている。「私は存在する。これは確かだ。ではどれだけの間か。私が考える間だ。もし私がすべての思考をやめるなら、その瞬間に私が存在しなくなるということはありうる」

Sくん　結局、前提②の「心の存在に関する疑いの不可能性」から命題⑤の「心の非存在の不可能性」が論理的に帰結するというより、②と⑤は同じ事態を別々の言い方で述べているという感じですね。

T先生　S君、冴えてるね。そのとおりだよ。

私の心は不滅か

Qさん　ここまでの議論で仮に「心の非存在の不可能性」（言い直せば「心の存在の確実性」）が証明されたとしても、その「心」は、誰もが持っている心じゃなくて、「私一人の心」ですよね。

T先生　そうだね。「心」一般じゃなくて「私の心」だね。

Qさん　とすれば、デカルトの証明は、**自分以外の人間の魂の不滅の証明**にはならないですよね。そもそも私以外の人間はみな幻想かもしれないですから。

T先生　「前提①②から結論③へ」というように定式化した限りでは、そうなりそうだね。

Sくん　じゃあ、僕の死んだおばあちゃんの魂が不滅かどうかには関係ないんですね。

T先生　そうなりそうだ。

Sくん　なあんだ。デカルトもたいしたことないな。

T先生　いや、デカルトの議論はこのあと、「神の存在」を証明し、次に「物質の存在」を証明し、最終的に、「世界は物質と心という二種類の実体（じったい）からできている」ということを証明するんだ。だから、そこまで行けば、S君のおばあさんの魂と話がつながるかもしれない。

Sくん　T先生はデカルトの議論を最後までたどったんですか。

T先生　一応たどった。でも、正直に言うと、最初の「神の存在証明」のところで賛成できなくなった。

Sくん　じゃあ、やっぱり僕のおばあちゃんの魂とは関係なさそうですね。

T先生　うん……。でも、「魂一般の不滅」でないとしても、少なくとも「私の魂の不滅」の証明として、デカルトの議論は検討してみる価値はあると思うよ。

Qさん　いえ、その点も怪しいような感じがします。

T先生　どうして？

Qさん　「絶対に存在している」と言えるのは、「私の心」ではなくて「今この瞬間の私の心」なんじゃないでしょうか。

T先生　なぜ、そう思うの？

Qさん　強力な悪霊なら、私に間違った記憶を持たせることもできると思います。私は小学校、中学校、高等学校でいろんな経験をしたことを覚えていますけど、それらは全部悪霊に持たされた**にせものの記憶**かもしれません。

T先生　なるほど。そういう想定はできるね。

Qさん　大学に入ったあとの記憶もそうです。それだけじゃなくて、さっきT先生の研究室に入った記憶もにせものかもしれない。結局、デカルトの極端な要求を満たすくらい確実に「存在している」と言えるのは、「時間を貫いて存在し続ける私の心」ではなくて、**「今この瞬間の私の心」**に限られると思います。

T先生　なるほど。

Qさん　デカルトの言うように、私の身体の存在は幻想かもしれないから、「私の身体の死」も幻想かもしれません。でも、だからと言って、「今この瞬間に存在している私の心」が次の瞬間にどうなるかについては何も言えないと思います。次の瞬間に消えてなくなるかもしれません。あるいは、何十年かしたら消えてなくなるかもしれません。いずれにしても「私の心の不滅」ということは帰結しないと思います。

T先生　う〜ん、そうかあ……。

Qさん　結局、デカルトが証明したのは、せいぜい「今この瞬間の私の心は絶対に存在している」ということであって、「私の心は不滅だ」ということではないと思います。

私の心は身体なしで存在できるか

T先生　でも、たとえ、「私の心の不滅」までは言えないとしても、少なくとも「私の心は身体が無くても存在できる」（言い換えれば「私の心の存在は私の身体の存在に依存していない」）ということは証明できていないかな。とすれば、「私の身体が死んでも私の心が消滅するとは限らない（つまり、私の身体の死後も私の心が存在する可能性はある）」ということが言えるんだけど。

Sくん　それは、結論③の「物質が無くても心は存在できる（心の存在は物質の存在に依存しない）」のことですよね。

T先生　そのとおり。

Sくん　結論③は、命題④の「物質は存在していない可能性がある」と命題⑤の「心は存在していない可能性がない（つまり、心は絶対に存在している）」から帰結するというのが、デカルトの議論でしたよね。

T先生　そうだね。もっとも、命題⑤は「今この瞬間の私の心は絶対に存在している」と言い直した方がよさそうだから、結論③も「物質が無くても、今この瞬間の私の心は存在できる」と言い直した方がいいかもしれないけど。

Sくん　たとえ実際には物質が存在していて、そして、私が身体を持っていたとしても、結論③によれば、「今この瞬間の私の心」は「私の身体」が無くても存在できるということですね。

T先生　そのとおり。命題④と命題⑤が正しければ、私の身体が無くても、今この瞬間の私の心は存在できるはずだ。というのは、もし「私の身体が無ければ、今この瞬間の私の心は存在できない（言い直せば、今この瞬間の私の心の存在は、私の身体の存在に依存している）」と仮定したら、「物質が存在しない可能性」から「今この瞬間の私の心が存在しない可能性」が帰結してしまう。「私の身体」も物質だからね。ところが、「今この瞬間の私の心」は絶対に存在している。つまり、「今この瞬間の私の心が存在しない」という可能性はまったくない。ということは、「私の身体が無ければ、今この瞬間の私の心は存在できない」と仮定すべきではないということだ。つまり、私の身体がなくても、今この瞬間の私の心は存在できる。

Qさん　ちょっと待ってください。たとえ命題④⑤が正しくても、「物質が無くても、今この瞬間の私の心は存在できる（つまり、この瞬間の私の心の存在は、私の身体の存在に依存していない）」ということは出てこないと思います。

T先生　**命題④⑤から結論③は帰結しない**と言いたいの？

Qさん　そうです。そう思います。

「可能性」をめぐる複雑な議論

T先生　Qさんは、なぜ命題④⑤から結論③は帰結しないと思うの？

Qさん　結論③の「物質が無くても、今この瞬間の私の心は存在できる」の**「できる」の意味**が引っかかるんです。

T先生　どういうこと？

Qさん　「できる」というのは可能性ですよね。

T先生　そうだよ。

Qさん　この「可能性」ってどんな可能性なんでしょうか。

T先生　うん？　可能性にもいろいろな種類があるということ？

Qさん　うまく言えないんですけど。私は今この大学の学生です。でも、入試のとき他にも合格した大学がありました。そちらの大学に入学していたら、いまごろは他の大学の学生でした。そういう意味で「私が**他の大学の学生であることは可能だ**」と言えます。

T先生　そうだね。

Qさん　でも、実際にはこの大学に入学しました。入学した今の状態において「他の大学の学生であること」は可能でしょうか。**退学しない限り不可能**じゃないでしょうか。

T先生　なるほど。「可能だ」と言えるかどうかは、何を前提にするかによって変わってくるからね。でも、それが結論③の「物質が無くても、今この瞬間の私の心は存在できる」の「可能性」の話とどう関連するの？

Qさん　命題④の「物質が存在していない可能性がある」が意味しているのは、「現実は二通りありうる」ということですよね。「世界に物質が存在する」場合と「世界に物質がまったく存在しない」場合の二通りです。

T先生　そのとおりだね。

Qさん　他方、命題⑤の「今この瞬間の私の心は絶対に存在している」が意味しているのは、どんな場合でも、「今この瞬間の私の心」は存在しているということですよね。つまり、「世界に物質が存在する」場合も「今この瞬間の私の心」は存在しているし、「世界に物質がまったく存在しない」場合も「今この瞬間の私の心」は存在している。

T先生　そうだね。「今この瞬間の私の心」が存在していない可能性はゼロだからね。

Qさん　物質がまったく存在しない場合、「今この瞬間の私の心」の存在は物質の存在に依存していません。これは当然です。物質がないんですから、依存しようがないです。

T先生　それはそうだ。

Qさん　だから、物質がまったく存在しない場合、「身体が無くても今この瞬間の私の心は存在できる」というのは正しいと思います。

T先生　うん、うん。

Qさん　でも、もう一つの場合、すなわち、世界に物質が存在する場合に、「今この瞬間の私の心の存在」と「物質の存在」とがどんな関係なのかは、命題④⑤からは決まらないと思います。世界に物質が存在する場合に、「今この瞬間の私の心の存在」が「物質の存在」に依存していたとしても、やっぱり、命題④の「物質は存在していない可能性がある」と命題⑤の「今この瞬間の私の心は絶対に存在している」は成り立つんじゃないでしょうか。

T先生　うん？　その場合、命題④の「物質は存在していない可能性がある」は成り立つかなあ。だって、「今この瞬間の私の心の存在」が「物質の存在」に依存しているんだったら、物質は絶対に存在しているんじゃないかな。

Qさん　確かに、心が物質に依存する場合は、物質の存在は必要です。でも、「心が物質に現に依存している」からといって、そこから、「心が物質に依存しないことは不可能だ」ということは出てこないと思います。

T先生　どういうこと？

Qさん　実際には心が物質に依存しているとしても、「心が、物質に依存せずに存在する」ということが不可能になるわけではないということです。今私がこの大学の学生でありながら、同時に他の大学の学生であることは、確かに不可能です。ちょうど、心の存在が物質の存在に依存している場合に、物質の非存在が不可能であるように。でも、私はこの大学に入らずに他の大学に入学することも可能でした。それと同じように、「物質が存在せず、心の存在が物質の存在に依存しない」ということは可能だと思います。だから、たとえ、実際には、「物質が存在し、心の存在が物質の存在に依存している」としても、命題④の「物質は存在していない可能性がある」は成り立つと思います。

T先生　う〜ん。すると、「今この瞬間の私の心の存在」が「私の身体の存在」に依存していたとしても、「物質の非存在の可能性」から「今この瞬間の私の心の非存在の可能性」は帰結しないとQさんは言いたいの？

Qさん　そうです。帰結しないと思います。「今この瞬間の私の心の存在」が「私の身体の存在」に依存する場合と依存しない場合の両方があるとしても、どちらの場合でも、命題④と命題⑤は成り立つと思います。

T先生　もう一度確認するけど、物質がまったく存在しない場合は、心は物質に依存しないんだよね。

Qさん　そうです。だから、「心が物質に**依存しないことは可能**だ」ということは認めてもいいです。でも、そのことから「心が物質に**実際にも依存していない**はずだ」ということは帰結しないと思います。

Sくん　でも、現実世界が「物質の存在する世界」と「物質の存在しない世界」のどちらなのかは僕たちには分からない、というのがデカルト風の疑いから出てくることだよね。

Qさん　それなら、なおさら私の指摘は当たると思う。「物質の存在しない世界において心が物質に依存していない」のは認めてもいい。でも、現実世界が「物質の存在しない世界」であるということは証明されていない。証明されたのは、せいぜい「その可能性がある」ということだけ。

T先生　「心が物質に依存しないことが可能だ」というのと「現実に心が物質に依存していない」というのは別の話だということかな？

Qさん　そうです。私には、「この大学に入る場合」と「他の大学に入る場合」の二通りの可能性がありました。その意味で「他の大学の学生であることは可能だ」と言えます。

でも、この大学に入っている現実の場合において「他の大学の学生であること」が可能かと言えばそうではないわけです。

「可能世界」概念を使って整理する

T先生　う～む。「心が物質に依存していないような**可能世界**がある」ということと「**現実世界**において、心が物質に依存していない」ということは別のことだと言いたいわけだね。「Qさんが他の大学の学生であるような可能世界がある」ということと「現実世界においてQさんが他の大学の学生である」ということが別のことであるように。

Sくん　「可能世界」って何ですか。

T先生　現実にはQさんはこの大学の学生だけど、他の大学に入学していた可能性もあるよね。そのような可能性があることを、「Qさんが他の大学の学生である可能世界が存在する」というように表現するんだ。いろんな可能性があるから、それだけ数多くの可能世界があることになる。

Sくん　**可能世界ってパラレルワールド**（並行宇宙）**みたい**ですね。

T先生　可能世界がどこかに本当に実在していると主張する哲学者もいれば、否定する哲学者もいる。ただ、「可能世界」という概念を使うことによって哲学的な議論が表現しやすくなるという利点はあるよ。

Sくん　へえ、おもしろいですね。

T先生　命題④の「物質は存在していない可能性がある」が正しいとすれば、すべての可能世界を大きく二種類に分けることができる。「物質が存在している可能世界」と「物質がまったく存在していない可能世界」の二種類だ（現実世界は、多くの可能世界の内の一つだと考えるんだ）。

Sくん　「存在している」と「存在していない」という二つの可能性に対応して、二種類の可能世界があるということですね。

T先生　そして、命題⑤の「今この瞬間の私の心は絶対に存在している」が正しいとすれば、どの可能世界にも「今この瞬間の私の心」は存在している。

Sくん　つまり、「今この瞬間の私の心」が存在していないような可能世界は一つもない、ということですね。

T先生　そのとおり。そして、Qさんが主張しているのは、「物質が存在する可能世界」において「今この瞬間の私の心の存在」が「物質の存在」に依存しているかどうかは、命

	タイプA	タイプB	タイプC
心（私の心）の存在	○	○	○
物質（私の身体）の存在	○	○	×
心の物質への依存	○	×	×

題④⑤からは決まらないということだね。

Qさん　そうです。そう言いたいです。

T先生　つまり、Qさんは、「物質に依存するタイプの心」と「物質に依存しないタイプの心」のどちらも同じ「心」だと言いたいわけだね？

Qさん　そうです。「心自身は、自分がどちらのタイプの心なのか分からない」というのが、デカルトの議論から出てくるんじゃないでしょうか。デカルト風の極端な疑いを浴びせられたら、どちらのタイプの心なのかを心自身が知る決め手はないと思います。

T先生　ちょっと整理してみよう。まず、可能世界は大きく二つの種類に分かれる。「物質が存在している可能世界」と「物質が存在していない可能世界」の二種類だ。そして、物質が存在している可能世界は、さらに二種類に分類できる。「心（厳密には、今この瞬間の私の心）の存在が物質の存在に依存している世界」（「タイプAの可能世界」と呼ぼう）と「心の存在が物質の存在に依存していない世界」（「タイプBの可能世界」と呼ぼう）の二種類だ。他方、「物質が存在していない可能世界」（「タイプCの可能世界」と呼ぼう）では、心は物質に依存していない。というのは、どの可能世界にも心は絶対に存在しているけれど、物質が存在していなければ、依存のしようがないからね。結局、**全部で三種類の可能世界がある**ことになる。

Sくん 「物質が存在し、心が物質に依存している可能世界（タイプA）」と「物質が存在し、心が物質に依存していない可能世界（タイプB）」と「物質が存在せず、心が物質に依存していない可能世界（タイプC）」の三種類ですね。

T先生 タイプAとタイプBの可能世界には物質が存在しているけど、タイプCの可能世界に物質は存在していない。また、タイプAの可能世界では、心の存在が物質の存在に依存しているけど、タイプBとタイプCの可能世界では、心の存在は物質の存在に依存していない。そして、ABCのどのタイプの可能世界にも心（今この瞬間の私の心）は存在している。こういうふうに想定しているわけだ。

Sくん タイプAの世界では、物質がなかったら心は存在できない。他方、タイプBとCの世界では、物質がなくても心は存在できる。こういうことですね。

Qさん そして、そのような想定をした場合、やはり命題④と命題⑤は成り立っていると思います。

T先生 調べてみよう。「物質が存在していない可能世界（タイプC）」があるから、命題④

の「物質は存在していない可能性がある」は確かに成り立っている。そして、ＡＢＣのどのタイプの可能世界にも「今この瞬間の私の心」が存在しているから、命題⑤の「今この瞬間の私の心は絶対に存在している」も確かに成り立っている。う〜む、命題④⑤は成り立ってるようだね。

Qさん　そして、**現実世界がこれら三種類の可能世界のうちのどれなのかはデカルトの議論からは決まらない**と思います。

T先生　なるほど。現実世界がこれらのタイプのうちのどれであろうと、命題④と命題⑤は成り立つ。ということは、現実世界がどのタイプの世界なのか、命題④⑤からは帰結しない。結局、現実世界において物質なしで心が存在できるか否かは命題④⑤からは決まらない。う〜む、こういうことか。

Sくん　「現実世界に物質が存在している」ということを認めた場合は、どうなりますか。

T先生　その場合、現実世界はタイプＡ（心が物質に依存している世界）かタイプＢ（心が物質に依存していない世界）のどちらかだね。しかし、その場合でも、現実世界がＡとＢのどちらであるかデカルトの議論からは決まらないとＱさんは言いたいわけだ。

Qさん　そうです。ですから、デカルトの議論は、「今この瞬間の私の心の存在は、私の身体の存在に依存していない」ということの証明にはなっていないと思います。

T先生　なるほど、分かってきた。Qさんは、「身体に対する心の依存関係（あるいは、その否定としての独立関係）は**偶然的な関係だ**」と考えているんだね。だから、「心が身体に依存している場合」（タイプA）と「心が身体に依存していない場合」（タイプBやタイプC）の両方の可能性があると主張しているわけだ。

Qさん　そうです、そうです。

T先生　これに対し、デカルトは、〈身体に対する心の依存関係や独立関係〉は**必然的な関係**だと考えているみたいだね。

Sくん　「必然的な関係」というのはどういう意味ですか。

T先生　「どんな場合にも成り立つ関係」という意味だよ。たとえば、「3は2よりも大きい」という大小関係はどんな場合にも成り立つよね。

Sくん　すると、「偶然的な関係」というのは「成り立つ場合もあれば、成り立たない場合もあるような関係」という意味ですか。

T先生　そのとおり。たとえば、「S君がQさんの隣にいる」という隣接関係は、今ここでは成り立っているけれど、成り立たない可能性はいくらでもあるよね。

Qさん　心と身体の関係の場合はどうなりますか。

T先生　もし〈身体に対する心の依存関係〉が必然的関係であるなら、すべての可能世界において、心は身体に依存している。反対に、もし〈身体に対する心の独立関係〉が必然的関係であるなら、すべての可能世界において、心は身体から独立している。いずれにしても、「依存している場合もあれば、独立している場合もある」ということはない（偶然的関係だったらこうなるけど）、ということだ。

Sくん　心と身体の関係が必然的な関係だとしたら、Qさんの主張は成り立たないんですか。

T先生　うん、成り立たない。もし「必然的な関係」であるなら、「物質が存在しない場合（タイプC）に心の存在が物質の存在に依存していないのなら、物質が存在する場合も同じように、心の存在は物質の存在に依存していないはずだ」ということが帰結するからね。つまり、「タイプAのような世界（物質が存在し、かつ、心が物質に依存している世界）はそもそもありえない」ということが帰結する。

Qさん　でも、命題④（物質は存在していない可能性がある）も、命題⑤（今この瞬間の私の心は絶対に存在している）も、「心と物質の間の依存関係や独立関係は必然的だ」ということの根拠にはならないと思います。

T先生　確かにそうだね。**命題④⑤からは、これらの関係が必然的なのか偶然的なのかは出てこない。**何か別の根拠を補わないと出てこないね。

Qさん　そう思います。

T先生　とすると、「私の心の存在は私の身体の存在に依存していない」、「私の身体が死んでも私の心が消滅するとは限らない」ということは**結局、証明されていない**わけか。ふ〜む。魂が不滅であることを証明するのは容易じゃないな。

まとめ

❖デカルトは「身体が死んだ後も**魂は不滅**である」ことを証明しようとした。

❖**「物質の存在は疑えるが、心の存在は疑えない。したがって、物質がなくても心は存在できる」**。これが証明の仕組みである。

❖星も太陽も地球も、部屋も他人も私の身体も、本当は存在していないのに、悪霊にだまされて「存在する」と思い込んでいるだけ。このような可能性はゼロではないから、**物質界は存在していない可能性がある。**

❖しかし、疑えば疑うほど、今実際に疑っている私の心の存在は否定できない。つまり、宇宙の中でただ一つ「**今この瞬間の私の心**」**だけは絶対に存在している。**

❖デカルトの証明が成功するためには、物質に対する心の独立関係（または依存関係）が、**必然的関係**でなければならない。

❖このことは、「**可能世界**」という概念を使って考えると、理解しやすい。

❖結局、**デカルトの証明は成功していない。**

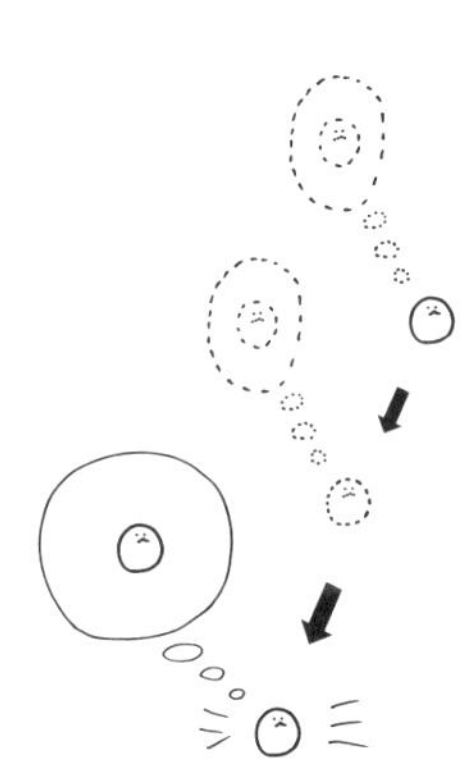

第七章

世界が物質だけなら心はどこにあるのか

自然科学と心のゆくえ

心と脳は同じものか

Qさん　デカルトは「物質がなくても魂だけで存在できる」と考えていますけど、現代の自然科学だと、むしろ逆であって、「世界に物質以外のものは存在しない」と考えられていますよね。

T先生　そうだね。「電磁波」とか「エネルギー」も物質の一種あるいは物質の持っている性質だとすれば、そうなるね。

Sくん　自然科学は魂の存在を否定しているんですか。

T先生　「否定」というより「無視」といった方がいいかな。自然科学は「魂」を研究対象にしないからね。

Sくん　でも、人間が「心」を持っていることは自然科学者だって無視できませんよね。

T先生　それはそうだ。

Sくん　じゃあ、自然科学では、心とは何であると考えているんでしょうか。

T先生　自然科学者は、「心とはそもそも何であるか」というような問い方はしないみたいだよ。心理学とか脳科学とか人工知能学とか、それぞれの専門分野のやり方で心の性質について具体的に探究しているようだ。

Qさん　でも、どの分野であっても、「心は非物質的な魂だ」とは考えないんですよね。

T先生　うん、その点は共通だね。

Qさん　じゃあ、もし自然科学者に向かって、「心とはそもそも何であると、あなたは思っていますか」と改めてたずねたら、どんな風に答えるんでしょうか。

T先生　それは、実際聞いてみないと分からない。でも、「**心とは脳のことだ**」という答えが多いと思う。たとえば、心理学者の苧阪直行（おさかなおゆき）（一九四六〜）は「脳と心はじつは同じものをちがう側面から見たものなのです」（『心と脳の科学』「まえがき」）と言っている。

Qさん　脳科学って最近すごく発展していると聞いたことがあります。

T先生　そうだね。今は脳を調べるいろいろな技術が開発されて、病院でも診察に使われている。たとえば、CT（シーティー）（コンピュータ断層撮影法）とかMRI（エムアールアイ）（核磁気共鳴画像法）とかPET（ペット）（ポジトロン断層撮影法）なんていう名前を聞いたことがあるんじゃないかな。これらの技術を使うと、生きている人の脳の中を撮影したり、その人の脳のどの部分が活発に活動しているかを映像にしたりできるんだ。

Sくん　でも、もし脳と心が同じものだとしたら、**脳が消滅するときに心も一緒に消滅することになりませんか。**

T先生　同じものなら、当然そうなるね。

Sくん　僕の祖母が亡くなったとき、火葬場に行きました。棺のまま扉の向こうへ入れて、その中で火で焼くという話でした。

T先生　それは火葬炉のことだね。

Sくん　みんなで別の部屋でおばあちゃんのことを話しながら待っていたら、一時間くらいあとに、係の人が呼びに来たんです。行ってみたら、祖母は骨と灰になっていました。「人間は死んだら骨になるって言うけど、ほんとだな」と思いました。

T先生　うん。遺族みんなで骨壺に骨を入れていくときの気持ちは何とも言えないものだよね。

Sくん　火葬したときに、祖母の脳も灰になったんですよね。

T先生　うん、骨以外のもの、たとえば、髪の毛や皮膚や内臓は灰になる。

Sくん　もし脳と心が同じものだったら、祖母の脳が灰になったときに、祖母の心も灰になってしまったということになりませんか。

T先生　そうなるね。

Sくん　ということは、祖母の心は無くなってしまったということですよね。これって、**「死後は完全に消滅する」というパターン**の考え方ですよね。完全に消滅したとしたら、

「生まれ変わる」とか、「天国に行く」とか、「近くの山から見守る」とか、全部不可能になりませんか。

T先生　そうだね。不可能になるね。

Sくん　じゃあ、「心と脳は同じものだ」と考えている人は、宗教をまったく信じていないんですか。

T先生　そうとも限らないな。一方で「心と脳は同じものだ」と考えながら、他方で葬式や墓参りのときに、亡くなった人に話しかけたりする人もいるよ。

Sくん　それって欺瞞（ぎまん）的というか、ごまかしですよね。

T先生　厳しく言えば、そうだね。まあ、場面ごとに考え方を使い分けて、しかも、「使い分けている」と自覚しないのが、多くの人がしていることだと思うよ。人間は矛盾した考えを持てる生き物だからね。

Sくん　「心の正体は脳という物質だ」と考えているんなら、いさぎよく宗教を否定すればいいと思います。

T先生　そうかもしれない。でも、「心の正体は脳という物質だ」という考えも、よく検討してみると、妙な考えだよ。

Qさん　どうしてですか。

T先生　うん、それについて説明しよう。

感情の正体は電気と化学物質の流れか

T先生　ふたりは自分の心の中をのぞいたことがあると思うけど、そのとき、心の中でどんなことが起こっていた？

Sくん　う〜ん、いろんな感情や考えが次々に現れていましたね。

Qさん　私も同じです。喜怒哀楽の感情やさまざまな思考、それから、なんらかの欲求や意志があるのも感じられました。

T先生　そうだね。友だちとおしゃべりして愉快な気分になったり、難しい問題を解こうとしてさまざまな考えが浮かんできたり、急にチョコレートが食べたくなったり、心の中ではいろいろなことが起こるよね。

Qさん　目覚めている間、心は常に活動していますね。

T先生　今私たちは話をしている。相手の言っている言葉を理解し、心の中でいろいろなことを考えている。同時に、「おもしろいな」とか「くたびれた」という気分を感じている。

Sくん　そうです。心の働きってすごく複雑ですよね。

T先生　もし「心」イコール「脳」であるなら、それらの複雑な心の働きは全部、脳の働きだということになる。

Qさん　自然科学者の多くはそう考えているんですよね。

T先生　では、「脳の働き」とは具体的には何なのか。**脳というのは、およそ千億個の神経細胞の集まり**だ。神経細胞は、長い枝のようなもの（「樹状突起（じゅじょうとっき）」「軸索突起（じくさくとっき）」という名前の枝だ）を互いに出しあって、複雑なネットワークを脳の中で作っている。

Qさん　そういう写真を見たことがあります。

T先生　それは、たぶんネズミなどの実験動物の神経細胞の写真だろうね。でも、人間もネズミも脳の神経細胞の仕組は同じだ。神経細胞が活動するとき、細胞の中を弱い電気が流れる。

Sくん　脳の中を電気が流れているんですか。

Qさん　その電気を測ったのが「脳波」ですよね。

T先生　そのとおり。しかし、神経細胞と神経細胞の間（この場所は「シナプス」と呼ばれている）を電気は流れない。その代わりに神経伝達物質が一方の神経細胞からもう一方の神経細胞に流れることによって間をつないでいる。

Sくん　神経伝達物質って何ですか。

T先生　セロトニンとかノルアドレナリンなどの化学物質のことだ。何十種類もあるよ。これらの物質は脳の中で神経細胞から分泌されるんだけど、多すぎたり少なすぎたりすると、いろいろな病気の原因になるんだ。

Sくん　いつも分泌されているんですか。

T先生　そのとおり。今この瞬間もS君とQさんの脳の中では多くの種類の神経伝達物質が分泌されている。

Sくん　へえ〜。自分では全然分かりませんね。

T先生　今S君が私の言葉を聞いてその意味を理解し、ちょっと考えてから、自分の考えを言葉にした。これらは全部、脳の中のいろいろな場所で電気と化学物質が流れた結果だよ。

Sくん　ふ〜ん。そう言われればそうなのか、としか言えないです。

T先生　脳の活動というのは、要するに、電気の流れと化学物質（神経伝達物質）の分泌に尽きる。それ以外のことは起こっていない。神経細胞の複雑なネットワークの中を電気と化学物質が伝わった結果が、脳本人には、さまざまな「感覚」「思考」「感情」として感じられるということだよ。

Qさん 「脳本人」という言い方は初めて聞きました。

T先生 誤解して欲しくないけれど、脳の活動を観察している誰かが脳の中にいて、その誰かを「脳本人」と言っているわけじゃないよ。

Qさん それは分かります。脳の中に誰かがいるとしたら、その誰かも脳を持っていることになってしまいますから。

T先生 そうだね(笑)。

Sくん じゃ、「脳本人」って誰のことですか。

T先生 脳そのもののことだよ。今S君の脳の中のある場所が活動した。つまり、電気と化学物質が流れた。それをS君の脳は「自分の心の中に一つの考えが浮かんだ」というふうに感じたんだ。こんなふうに自分の心の動きを感じることは「意識」と呼ばれる。つまり、脳が自分自身の活動を直接感じることが「意識」だ。今S君は思考するとともに、自分が思考していることを意識したわけだ。思考と意識とは別々の活動だけど、どちらも「電気と化学物質の流れ」である点は同じだ。

Sくん じゃあ、「うれしい」とか「悲しい」という感情も「電気と化学物質の流れ」なんですか。

T先生　そうだよ。「心」イコール「脳」であり、そして、**「脳の活動」イコール「電気と化学物質の流れ」**だとしたら、感情もまた「電気と化学物質の流れ」だということになる。

Sくん　ふ〜ん。なんか変な感じがします。だって、「電気や化学物質の流れ」と「うれしいという感情」は全然似ていません。「イコール」と言われても全然ピンときません。

T先生　そこだ！（大声）

Sくん　わ、びっくりした。急に大きな声を出さないでくださいよ。

T先生　S君が今言ったこと、それがまさしく問題の急所なんだよ。今この瞬間も我々の脳の中では電気と化学物質が流れている。コンピュータの中を電気が流れたり、実験装置の中を化学物質が流れたりするのと、本質的には同じことだ。複雑さが違うだけだ。そして、脳自身からすると、それが、たとえば、「うれしいという感情」として意識されるんだね。しかし、**「電気や化学物質の流れ」と「うれしいという感情」の間には何かギャップがある**ように思わないかい。

Sくん　ええ、同じものだとは全然思えません。

T先生　そうそう、そこが大問題なんだよ。

Qさん　ちょっと待ってください。その違いは**同じものを別々の視点から見た**結果にすぎないんじゃないでしょうか。

T先生　Qさん、それはどういう意味かな？

Qさん　あそこに花瓶があります。あの花瓶を私の視点から見たときの見え方とS君の視点から見たときの見え方はきっと違うと思います。でも、だからといって、「私が見ている花瓶」と「S君が見ている花瓶」という二つの別々の花瓶があるということにはなりません。一つの花瓶を別々の視点から見ているだけのことです。

Sくん　花瓶の場合は分かるけど、脳の場合はどうなるの？

Qさん　脳を外側から見るか、内側から見るかの違いだと思います。脳のある一つの活動を外側から見た場合に「電気や化学物質の流れ」として見えて、同じ活動を内側から見ると「うれしいという感情」として見えるのだと思います。

T先生　なるほど、これは重要な指摘だね。じっくり考えてみよう。

主観的な視点とは何か

T先生　ポイントは、「内側から見る」とはどういう意味なのか、ということだ。Qさん、

「頭蓋骨の内側から見る」という意味ではないよね。

Qさん もちろん違います。「内側からの視点」というのは「脳そのものからの視点」という意味です。「うれしいという感情」として見えるのは脳そのものの視点からです。いくら頭蓋骨の内側であっても脳そのものの視点からでなかったら、やはり「電気や化学物質の流れ」として見えます。その場合は「外側から見ている」ということです。

Sくん 「内側、外側」というのは「主観、客観」と言ってもいいの?

Qさん いいと思う。「一人称、三人称」と言ってもいいと思う。

Sくん 「一人称、三人称」ってどういうこと?

Qさん 一人称の視点は「私」の視点で、三人称の視点は「それ」、つまり、脳を「それ」と指す場合の視点。だから、三人称の視点は脳の外側からの視点であり、一人称の視点は脳そのものからの視点。

T先生 Qさん、ちょっと確認するけど、「内側からの視点」と「主観的な視点」と「一人称の視点」の三つは同じものと考えていいんだね。

Qさん そうです。

T先生 そして、「外側からの視点」と「客観的な視点」と「三人称の視点」の三つも同じものだね。

Qさん　そうです。

T先生　つまり、Qさんは「**内側からの主観的な一人称の視点**」と「**外側からの客観的な三人称の視点**」を対比しているわけだ。

Qさん　はい、そうです。

T先生　そして、脳の中の同じ一つの活動が、主観的な視点（内側からの視点・一人称の視点）からは「うれしいという感情」として見えて、客観的な視点（外側からの視点・三人称の視点）からは「電気や化学物質の流れ」として見える。両者は視点の違いから生じた見え方の違いに過ぎない。別々の二つのものがあるわけではない。Qさんはこう言いたいわけだね。

Qさん　そのとおりです。

T先生　そうすると、問題は、「主観的な視点（内側からの視点・一人称の視点）」とは何か、ということになる。さっき、「内側と言っても頭蓋骨の内側ではない」ということを確認したよね。

Qさん　はい、確認しました。

T先生　そして、Qさんは「一人称の視点は脳そのものからの視点だ」と言ったよね。

Qさん　はい、そう言いました。

T先生　では、「脳そのものからの視点」とは何だろう。脳は千億個の神経細胞の集まりだ。神経細胞は、他の細胞と同じく、細胞膜に囲まれていて、その内側にはどろどろの細胞質基質(きしつ)がつまっている。そして、そこに核やミトコンドリアなどが浮いている。だから、神経細胞の中で起こっていることは、「DNA(ディーエヌエー)(デオキシリボ核酸、遺伝子)の複製」のような他の細胞と共通の活動と、さっき述べた「電気の流れと神経伝達物質の分泌」という神経細胞に特有の活動だけだ。つまり、神経細胞の中には「主観的な視点」は見当たらないんじゃないかな。

Qさん 「神経細胞の中に視点がある」のではなくて、「神経細胞そのものが視点になる」ということです。

T先生 でも、一個の神経細胞が視点になれるかな。電気や神経伝達物質が流れているだけだよ。

Qさん ええ、一個だけだったら無理かもしれません。でも神経細胞は千億個ありますから、そのうちのいくつかが集まれば、何らかの視点になれると思います。というか、現に私たちの脳はそういう主観的な視点を持っていると思います。

T先生 私たちは自分の心の動きを意識できるから、私たちが主観的な視点を持っていることは認めるべきだろうね。問題は、この「主観的な視点」と「電気の流れや神経伝達物質の分泌」との関係だ。結局、「内側」と言っても、**「空間的内部」という意味での「内**

側」のことではないわけだ。

Qさん　はい、もちろんそうです。

T先生　そうすると、「内側」というのは比喩的な意味だということになる。

Sくん　「内側」というのは「**他の人には隠されている**」という意味なんじゃないでしょうか。他人の心の中はのぞけませんから。

T先生　つまり、「電気の流れや神経伝達物質の分泌」は他人からも見えるけど、そのとき本人に意識されている「感覚」「思考」「感情」は他人からは見えないということかな？

Sくん　そうです。

T先生　しかし、「他の人に隠されている」と言っても、金庫の中に大金が隠されているのとはわけが違うよね。

Sくん　どういうことですか。

T先生　金庫の中に隠されている大金だったら、金庫を開けてやれば、他人にも見せることができる。しかし、本人に意識されている「感覚」「思考」「感情」は、どうやったって、他人に見せることはできないよね。

Sくん　それはそうです。他人の心をのぞくことは絶対にできませんから。

T先生　「金庫の中」は「金庫の空間的内部」だから、扉を開ければ、内部を見ることができる。しかし、「心の中が他人に隠されている」と言う場合の「心の中」は空間的内部ではない。

Sくん そうですね。

T先生 だから、本人に意識されている感覚・思考・感情は確かに他の人に対して隠されているけれど、それは「空間的内部に隠されている」というような隠され方ではない。違う仕方で隠されているはずだ。

Sくん どんな仕方で隠されているんでしょうか。

Qさん 「本人の主観的視点からしか見えない」という隠され方じゃないでしょうか。だから、他の人の視点からは見れないのだと思います。

T先生 「主観的視点は本人だけが持っている視点だから」ということだね。

Qさん そうです。

T先生 では、**「主観的視点」自体は一体どこにある**んだろう。

Qさん 本人の脳の中……。ではだめですか。

T先生 空間的内部という意味での「中」だったら、だめだよね。脳の中にあるのは神経細胞のネットワークであり、そこで起こっていることは、電気と化学物質の流れだけだ。そして、個々の神経細胞の中にあるのは、細胞質基質やミトコンドリアだからね。

Qさん 主観的視点というのは、「どこ」ってたずねることが不可能なあり方をしているのかもしれません。

T先生 しかし、話の始まりは「世界に物質以外のものは存在しない」という自然科学の考えだったよね。そして、どんな物質についても「どこにあるのか」と問うことができるよね。

Qさん そうですね。空間の中に存在しているのが物質の特徴ですから。

T先生 もし主観的視点について「どこにあるのか」と問うことが不可能なら、主観的視点は物質ではないということになってしまうよ。

Qさん 主観的視点が存在しているのは「脳の中」であることに間違いはないと思うんですけど、「空間的内部としての内側」ではない……。

T先生 ドラえもんの四次元ポケットみたいに、脳の非空間的内部に主観的視点が隠されている。こんな感じかな?

Qさん そうですね。でも、「人間の脳の中に四次元ポケットがある」というのはちょっと無理かもしれないです(笑)。

Sくん T先生もマンガの『ドラえもん』を知ってるんですか。

T先生 知ってるよ。ドラえもんは未来から来たロボットだ。おなかの所にある四次元ポケットからいろいろな道具を取り出して、友だちののび太君をいつも助けてくれるんだ。藤子・F・不二雄（一九三三～一九九六）の作品だよ。

Sくん くわしいですね（笑）。

Qさん 話を戻すと、私の主観的視点は私の脳から生み出されているけれど、「主観的視点が脳の空間的内部にある」というわけではない、こうなりますね。

T先生 結局、**問題は主観的視点の存在論的身分**だ。

主観的視点の存在論的身分

Sくん 「存在論的身分」って何ですか。

T先生 「**存在の仕方**」と言いかえることもできる。

Sくん 「存在の仕方」？

T先生 具体例をあげるよ。私たちのまわりにはいろいろなものが存在している。たとえば、うちの大学も「存在」しているよね。

Sくん それはそうです。うちの大学が存在していなかったら入学できません。

T先生　じゃあ、うちの大学はどこに存在しているんだろう。

Sくん　え？　ここにキャンパスがあるんですから、ここに存在しているに決まってませんか？

T先生　もし、このキャンパスに隕石が落ちてきて、校舎が全部破壊されて、地面に直径十キロの巨大な穴が開いたとしたら、どうだろう。そのとき、うちの大学は消滅したことになるのかな。

Sくん　そのときは別の場所にある建物を借りて授業をやることができるんじゃないでしょうか。

T先生　とすれば、このキャンパスとうちの大学は同じものではないということだね。

Sくん　まあ、そうなりますね。T先生、何を言いたいんですか。

T先生　**大学が消滅するには隕石は不要**だということだよ。

Sくん　え？

T先生　大学は教員数や設備などが一定の規準を満たすよう法律で定められている。だから、「基準を満たしている」と国から認可されて初めて開校できるんだ。もし何かの理由で認可が取り消されたら、その途端、その大学は消滅する。たとえ校舎や教員や学生が全部残っていたとしてもね。

Qさん　つまり、T先生は、「大学という組織と、校舎・教員・学生とは存在の仕方が違う」と言いたいんですね。

T先生　そのとおり。消滅の仕方が全然違うからね。大学という組織は国の認可が取り消されたら消滅する。一方、校舎・教員・学生は隕石みたいな物理的な衝撃によって消滅しうる。ということは、両者は存在の仕方が違うと考えるべきだろう。

Qさん　「グループ」と「そのメンバー」も存在の仕方が違いますよね。メンバーは物理的に消滅します。死亡したときです。他方、メンバー全員が生きていても、グループは解散すれば消滅してしまいます。

T先生　他にも、「物体」と「物体の持つ性質」というケースもある。たとえば、この机という物体と、その白さという性質だ。机が消滅したら、この机の白さも消滅するよね。でも、机の色を塗り替えた場合、白さは消滅するけど、この机は消滅しない。つまり、この机の白さはこの机の存在に依存しているけど、逆に机の存在はこの白さに依存していない。こういう非対称の関係がある。だから、「物体」と「物体の持つ性質」とは存在の仕方が違うと考えるべきだ。

Qさん　「複数の物体」と「その間に成り立っている関係」も存在の仕方が違うんじゃないでしょうか。この机とこの椅子の間の位置関係はいくらでも変えられますけど、その際、机の色や椅子の色のような性質はまったく変化していませんよね。だから、「物体」と「性質」と「関係」、これらの存在の仕方は違うと思います。

T先生　そうだね。世界にはいろいろなものが存在している。しかし、それらの**存在の仕方**（**存在論的身分**）**はさまざまだ**。しかも、さまざまな**存在の仕方は互いに関連**しあっている。机とその色とが非対称の依存関係にあるように。

Qさん　今議論している主観的視点についてはどうなりますか。

T先生　脳の中には「電気」や「化学物質」が存在している。他方で、私の心には「うれしい」という感情が存在している。これらが存在していることは否定できない。しかし、それらの存在の仕方は違うかもしれない。

Qさん　そうかもしれません。

T先生　そして、主観的視点や客観的視点のような視点も「存在している」と言っていいだろう。しかし、「視点」の存在の仕方が「物体」「性質」「関係」などの存在の仕方とどう異なり、どう関連しているのか。これは慎重に考えなければならない。

Sくん　「存在の仕方（存在論的身分）」についてはなんとなく分かってきました。そうすると、結局、主観的視点はどんな存在の仕方をしているんでしょうか。つまり、主観的視点はどんな存在論的身分を持っているんでしょうか。

T先生　分からない。

Sくん　え、結局「分からない」というのが答えなんですか。

T先生　いや、「私には今のところ分からない」という意味だよ。しかし、世界中を探しても、分かっている人は、今のところ、どこにもいないと思う。つまり、これは未解決問題なんだ。ほとんどの人は主観的視点が存在していることを認めている（否定する哲学者もいるけどね）。しかし、**主観的視点の存在論的身分については、未解決**なままだ。

Qさん　とすれば、「脳内の電気や化学物質の流れ」と「うれしいという感情」の関係も未解決だということですか。

T先生　そうだよ。両者が「同じ一つのものを別々の視点から見た結果にすぎない」のかどうかは未解決だ。主観的視点と客観的視点の関係がまだよく分かっていないからね。

Qさん　そうですか。残念です。

T先生　これは「**心の哲学**」**における未解決の難問**なんだよ。この問題について、脳科学者の茂木（もぎ）健一郎（けんいちろう）（一九六二〜）や哲学者のデイヴィッド・チャーマーズ（一九六六〜）が長年研究している。彼らの書いた本を読んでみたらいいよ。「心の正体は脳という物質だ」という考えには実はこのような未解決問題がともなっているんだ。

物心二元論と物質一元論

Sくん デカルトみたいに「非物質的な魂」の存在を主張する場合、「電気や化学物質の流れ」と「うれしいという感情」の関係はどうなりますか。

T先生 どうなると思う?

Sくん デカルトの場合、心は物質ではないですから、**「脳と心は関係ない」**ということになると思います。

T先生 そのとおりだね。脳の中で何が起ころうと、それは心とは関係がない。自分の「感覚」「思考」「感情」を意識しているのは、脳ではなくて、非物質としての魂だ。だから、脳内での電気や化学物質の流れは、意識とは関係がない。デカルトからすれば、「電気の流れや神経伝達物質の分泌」と「うれしいという感情」との間にギャップがあるのはむしろ当然だ。両者はまったく別ものだからね。前者は物質としての身体に生じていることであり、後者は非物質としての魂に生じていることだ。

Qさん とすると、デカルトの場合、主観的視点はどんな存在の仕方をしていることになるんですか。

T先生　デカルトの場合、主観的視点とは「非物質としての魂」そのものだよ。

Sくん　デカルトは「我思う故に我あり」と言うんですから、デカルトの言う「魂」は「我」すなわち「一人称の視点」ですよね。

T先生　そうだね。そして、物質は空間内に存在しているから、その位置を問えるけど、魂は非物質だから、その位置を問うことはできない。だから、デカルトの場合、「主観的視点はどこにあるのか」という問いはそもそも生じない。

Qさん　デカルトは魂と物質とを鋭く対比しているんですね。

T先生　そうだよ。デカルトのこのような考えは「**物心二元論**」と呼ばれている。「この世界は物質と心（むしろ魂だね）というまったく異なる二種類の実体からできている」という考えだ。

Sくん　「実体」って何ですか。

T先生　実体というのは**世界の究極の構成要素**のことだ。物心二元論は、「物質」も「心」も究極の要素だと考えるから、「心の正体は脳という物質だ」という主張を認めない。

Sくん　では、「世界に物質以外のものは存在しない」という考えは何と呼ばれるんですか。

T先生　「**物質一元論**」、あるいは「唯物論」と呼ばれる。「世界は物質という一種類の実体からできている」という考えだ。心は究極の要素ではないから、物質という究極の要素に還元されるんだ。

Sくん　物質一元論の場合、「主観的視点はどこにあるのか」、「電気や化学物質の流れと、うれしいという感情はどんな関係なのか」という問題は未解決の難問でした。それに対して、デカルトの物心二元論の場合、この問題はもともと生じないんですよね。これは物心二元論の有利な点ですね。

Qさん　ちょっと待ってください。物心二元論の場合、「心は物質ではないから、その位置を問うことはできない」ということでしたけど、そうすると、私たちの心は身体の中にあるわけではないんですか。

T先生　「どこにある」と言えないから、**身体の「中」にあるのでも「外」にあるのでもない**、ということになる。

Qさん　私はこの眼でT先生を見ます。そして、「今T先生が見えている」と意識します。眼は物質ですよね。そして、デカルトによると意識は脳の働きではなくて、非物質的魂の働きですよね。

T先生　そうだね。

Qさん　しかし、とすると、どうやって物質（眼）から非物質（魂）に「T先生が見えている」という情報が伝わるんでしょうか。

T先生　Qさん、鋭いね。物心二元論によると、魂は（物質と並んで）世界の究極の構成要素だから、物質に依存せずに存在できる。つまり、非物質としての魂と物質は互いに独立の存在だ。にもかかわらず、**物質（眼）から非物質（魂）に作用が及ぶのはなぜなのか**。Qさんの疑問はこういうことだよね。

Qさん　そうです。

T先生　この疑問は、デカルトが生きているときから彼に向けられた問いだったよ。

Qさん　デカルトは何と答えたんですか。

T先生　彼は結局答えられなかったよ。今Qさんが言ったのは、「どうやって、身体（物質）が心（非物質）へ作用するのか」という疑問だけど、他にも具体例をあげれば、「お酒を飲んで陽気になる」というケースがある。これも、身体から心への作用だ。お酒という物質がどうやって心という非物質を陽気にさせるのか、物心二元論だとうまく説明できないんだ。

Qさん　そうすると、逆に「**どうやって、心（非物質）が身体（物質）へ作用するのか**」ということも物心二元論では説明できないんじゃないでしょうか。たとえば、「恥ずかしいときに赤面する」というようなケースです。

T先生　そうだね。恥ずかしさ（心）が顔（身体）を赤くさせているわけだね。もっとありふれた例は、自分の思ったとおりに自分の身体を動かすことだ。これも心から身体への作用だ。

Qさん　身体と心の間の作用というのは目覚めている限り、常に起こっていますね。

T先生　そうだね。「心身間の相互作用」というありふれた現象をうまく説明できないのが物心二元論の最大の弱点だよ。

Sくん　物質一元論には主観的視点の問題があるし、どちらも弱点を抱えているんですね。

T先生　そのとおり。「心は身体なしで存在できるのか」（あるいは「身体は心なしで存在できるのか」）という問題は「**心身問題**（しんしんもんだい）」と言って、哲学における難問の一つだ。心身問題は「心の存在と身体の存在はどんな関係なのか」を問うているわけだ。そして、物心二元論と物質一元論は心身問題への有力な二つの解答だけど、どちらも弱点を抱えている。**物心二元論の弱点は「心身間の相互作用」**であり、**物質一元論の弱点は「主観的視点の存在論的身分」**だ。心身問題は未解決の難問なんだよ。

まとめ

❖多くの自然科学者は、「**心の正体は脳**であり、脳の中の同じ活動が、主観的視点からは『感覚』や『思考』や『感情』として見えて、客観的視点からは『電気や化学物質の流れ』として見える」と考えている。

❖本人に意識されている感覚・思考・感情は他人に対して隠されているが、「空間的内部に隠されている」わけではない。つまり、**主観的視点は脳の空間的内部にあるのではない**。

❖自然科学は**物質一元論**を前提にする。物質一元論は**主観的視点の存在論的身分**を説明できない。

❖「脳内の電気や化学物質の流れ」と「感覚・思考・感情」の関係は不明である。

❖デカルトの**物心二元論**は、心を非物質だと捉え、脳と心は無関係だとする。しかし、物心二元論は**心身間の相互作用**を説明できない。

❖**心身問題**は哲学の未解決の難問である。

191
7

世界が物質だけなら
心はどこにあるのか
自然科学と心のゆくえ

第八章
死ぬのは私だ
私とは誰か

心は脳の機能か

Sくん　さっきドラえもんの四次元ポケットのことが話題になりましたよね。話はちょっと変わりますけど、自然科学者は「ドラえもんが心を持つことは不可能だ」と主張するんですか？

T先生　なぜ、そう思うの？

Sくん　いえ、簡単な話です。ドラえもんはロボットなので、脳は持っていません。代わりにコンピュータを持っていますけど、コンピュータは脳ではありません。だから、「心の正体は脳だ」と考えている自然科学者は「ドラえもんが心を持つことは不可能だ」と主張するのかな、と思ったんです。

T先生　不可能だと考える自然科学者もいるけど、「ロボットは心を持てる」と考える自然科学者もいるよ。

Sくん　でも、それは「心の正体は脳だ」という考えと矛盾しませんか。

T先生　矛盾するね。でも、「心の正体は脳だ」ではなくて、「心の正体は**脳の機能**だ」と考えれば、ロボットも心を持てることになる。

Sくん　「脳の機能」だと考えたら、ドラえもんが心を持てることになるんですか。

T先生　そうだよ。脳と同じ機能をコンピュータで実現できたとしよう。そしたら、そのコンピュータの機能は「心」だということになるわけだ。

Qさん　つまり、「心」というのは臓器の名前ではなく、臓器の持つ機能の名前だということですよね。だから、「心」という語は、「胃」よりも「消化」という語に似ているということですね。

T先生　そのとおり。胃が消化という機能を持ち、心臓が血液循環という機能を持つように、**脳は心という機能を持つ**というわけだ。脳の持つ「思考」「感情」「記憶」「欲求」などのさまざまな機能を一括して「心」と呼ぶんだね。

Qさん　人間の脳の持つ「思考」や「記憶」などの機能を、脳以外のもので実現できたら、その脳以外のもの（たとえばコンピュータ）は「心」を持っていると認めよう。このような考え方ですね。

T先生　そうだね。

Sくん　でも、その考えは、「世界に物質以外のものは存在しない」という物質一元論と矛盾しないんですか。

T先生　機能を実現する手段を物質に限定するなら、物質一元論と矛盾しない。非物質的な魂によって実現することを認めたら矛盾するけどね。だから、物質だけからできているロボット（たとえばドラえもん）が人間の脳と同じ機能を持ったなら、「心を持っている」と認めていいことになるわけだ。

Sくん　ロボットが人間の脳と同じ機能を持つことは可能なんですか。

T先生　技術的に可能かどうかは、やってみないと分からない。でも、「空を飛ぶ」という機能が「羽」や「プロペラ」や「ジェット噴射」という複数の手段で実現できるように、**「心」という機能も「脳」や「コンピュータ」という複数の手段で実現できる**と考えるわけだ。

Qさん　「機能と、機能を実現する手段としての物質は、存在論的身分が違う」と言っていいですか？

T先生　うん、そう言っていいね。それに、そもそも物質一元論の立場からすれば、ロボットが人間の脳と同じ機能を持つことは原理的には可能なはずだ。なぜなら、人間だって物質だけからできているけど「心」という機能を持っているからね。**物質一元論の立場から見れば、人間だってロボットみたいなもの**さ。人間はタンパク質や脂肪からできていて、ロボットは金属やプラスチックからできているという違いがあるけど、どちらも物質だけからできている点は同じだからね。

のび太ロボット――機械の体で永久に生きる

Qさん　おもしろいことを思いつきました。

T先生　どんなこと?

Qさん　心が「脳」という物質でなく、「脳の機能」であるなら、**人間が不死になれる可能性**があります。

T先生　ほう。どんなふうにして?

Qさん　「ドラえもんに心がある」と認める場合、その「心」というのは、ドラえもんに内蔵されているコンピュータの機能のことですよね。

T先生　そうだね。人間の脳と同じような機能を持っているなら、ドラえもんにも「心」があるということになる。

Qさん　あるコンピュータがどんな機能を持っているかは、プログラムとデータによって決まります。たとえば、コンピュータの中に翻訳ソフトと辞書データがあれば、そのコンピュータは「外国語を翻訳する」という機能を持てます。

T先生　まあ、そうだね。

Qさん　プログラムとデータは「ソフトウェア」で、金属とシリコンのかたまりである物質としてのコンピュータは「ハードウェア」です。

T先生　それは、いい指摘だな。実際、「心は脳の機能だ」という考え方は、「脳と心」の関係を「ハードウェアとソフトウェア」の関係になぞらえることから生まれたんだ。

Qさん　コンピュータ内のデータは（プログラムも含めて）他のコンピュータにコピーできますよね。

Sくん　あ、それって、コンピュータが壊れたときに備えて取っておくバックアップのことだね。

Qさん　ドラえもんの心が、ドラえもんに内蔵されているコンピュータ（つまりハードウェア）でなく、コンピュータ内のデータ（つまりソフトウェア）であるなら、ドラえもんの心はそっくりそのまま他のコンピュータにコピーできます。

T先生　なるほど、そうなるね。

Qさん　だから、もし、ドラえもんの体（機械の体）が古くなったら、新しい体（機械の体）の中の新しいコンピュータに元の心（データ）をコピーすれば、ドラえもんは永久に生き続けられることになります。

T先生　なるほど。新しい機械に「ドラえもんの心」をコピーすることを何度も繰り返すわけだね。物質である機械は古くなるけど、ソフトウェアとしての「ドラえもんの心」は古くならない。昔の本の中身を新しい本に印刷するのに似ているね。物質としての本は古くなるけど、印刷されている情報は同じものが何百年も引き継がれていく。たとえば、千年前に書かれた『源氏物語』を今読むことができる。同じように、「ドラえもんの心」は、何百年、何千年の間、機械の体を次々に取り換えながら、存在し続ける。こういうことだね。

Qさん そうです。

Sくん でも、のび太君は年老いて、先に死んでいくから、のび太君がかわいそうです。いつもドラえもんと一緒にいたのに、一人だけ死んでしまうんですから。

T先生 確かに、人間は年老いて死んでいかなければならないね。

Qさん いいえ、大丈夫です。のび太君もロボットになってもらいます。

Sくん えーっ、どういうこと?

Qさん まず、のび太君と外見がそっくりのロボットを作ります。そのロボットに内蔵されているコンピュータの中にはまだ何のデータもありません。次に、のび太君の**脳の中にあるすべてのデータをロボットのコンピュータにコピー**します。

Sくん ちょっと待って。そのロボット(「のび太ロボット」と呼ぶことにしよう)はコンピュータを持っているけど、のび太君は人間だから、コンピュータじゃなくて脳を持ってるよ。

Qさん　人間の脳は千億個の神経細胞のネットワークだから、そのネットワークのつながり具合をコンピュータの中で再現したらいいのよ。

Sくん　再現できるの？

Qさん　現在開発中のニューラルネットワークという構造を持つコンピュータなら、再現できる可能性は大きいと思う。

T先生　Qさん、よく知っているね。ニューラルネットワークは人間の脳をモデルにして発想されたコンピュータだ。「ニューラル」というのは「神経の」という意味だね。現在使われているコンピュータより、ニューラルネットワークの方が人間の脳の構造に近いんだ。

Qさん　将来、ニューラルネットワークがもっと発展して、実用化されたら、脳の中の神経細胞のつながり具合をそのままコピーできるかもしれません。

T先生「のび太君の脳の中にあるデータ」のうちには、人間なら誰もが持っている一般的な機能と、のび太君だけが持っている機能がある。「一般的な機能」というのは、記憶能力や運動能力や知覚能力などだ。「のび太君だけが持っている機能」というのは、たとえば、彼がこれまでに経験したことの記憶や、「拳銃さばき」（のび太君は銃の撃ち方がうまいらしいね）の能力だ。

Sくん のび太君の体が年老いて古くなったら、のび太君の脳内データを〈のび太ロボット〉にコピーするの？

Qさん そう。のび太君の脳内データがのび太君の心だから、これで、〈のび太ロボット〉にのび太君の心が移ったことになる。

T先生 なるほど。そうなると、のび太君はロボットになって、ドラえもんと一緒に永久に生き続けられることになるわけだね。

Qさん そうです。

のび太君が二人

Sくん う～ん、どうかなあ。〈のび太ロボット〉に心があるのを仮に認めたとしても、それが「のび太君の心」だと認めていいのかな。ちょっと抵抗を感じるな。

Qさん どうして？「まったく同じ機能」を持っていたら「同じ心」だと言っていいん

じゃないの。

Sくん　う〜ん、機能として同じでも別人のような気がする。

Qさん　〈のび太ロボット〉は、のび太君の持っていた記憶は全部持っていて、のび太君のできることは全部できて、性格までのび太君と同じなんだから、「のび太君の心を持っている」と言っていいと思う。

Sくん　〈のび太ロボット〉の心は、「**のび太君の心によく似ている別の心**」なんじゃないかな。

Qさん　のび太君の立場になって考えてみて。のび太君の心がコピーされ、〈のび太ロボット〉が目覚めたとき、〈のび太ロボット〉は自分のことを「僕はのび太だ」と考えるはず。だって、すべての記憶が引き継がれているんだから。ということは、私たちが「のび太君の脳内データが〈のび太ロボット〉にコピーされた」というふうに描写する出来事を、のび太君本人はむしろ「あ、**僕の体が機械の体に変わった**」というふうに感じるはず。「僕」というのはもちろん「のび太」よ。つまり、〈のび太ロボット〉の心はのび太君の心なのよ。

Sくん　う〜ん、それは「**のび太君の記憶を引き継いだ別の心**」が新しく生まれたということじゃないかな。〈のび太ロボット〉とのび太君は別人なんだから、やっぱり別の心なんじゃないかな（人間とロボットだから「別人」という言い方は変かもしれないけど）。

Qさん　S君は、〈のび太ロボット〉が「僕はのび太だよ。体は機械だけど、心はのび太だよ」と言っても、「お前はのび太じゃない。にせものだ」って言うの？　冷たいね。

Sくん　う〜ん。でもなあ、やっぱり別人みたいな気がするなあ。

Qさん　S君は「ロボットが持てる心は、人間の心と同じはずがない」という偏見を持っているんじゃないの？

Sくん　いや、そういうつもりじゃないけど。

T先生　S君のためらいにも一理あるよ。もともとコピーって二つ以上作れるよね。だから、のび太君の脳内データを**二台の〈のび太ロボット〉にコピー**することも可能なはずだ（「のび太ロボット1号」と「のび太ロボット2号」と名づけよう）。Qさん、のび太君の心はどちらのロボットに移ったのかな？

Qさん　う〜ん。両方です。

T先生　〈のび太ロボット1号〉と〈のび太ロボット2号〉は二台で一つの心を共有しているということ？

Qさん　いえ、別々の二つの心です。お互いの考えていることは分からないでしょうし、これから違う経験をしたら違う記憶を持つことになるでしょうから。

T先生　すると、〈のび太ロボット1号〉と〈のび太ロボット2号〉の心は最初そっくり**同じ機能を持っているけど、別々の二つの心**だということになるのかな？

Qさん　そうです。

T先生　そしたら、「機能がまったく同じ」ということだけでは、「同じ一つの心」だとは言えないことになるね。

Qさん　う〜ん。そうなりますね。

T先生　〈のび太ロボット1号〉と〈のび太ロボット2号〉についていま分かったことは、〈のび太君〉と〈のび太ロボット〉についてもあてはまるはずだ。つまり、記憶や性格まで含めてまったく同じだからと言って、「同じ一つの心」とは言えない。それらが、「機能がそっくりである別々の二つの心」だという可能性はある。だから、「〈のび太ロボット〉の心は『のび太君の記憶を引き継いで新しく生まれた別の心』なのではないか」というS君の考えにも一理あるよ。

主観的視点の枝分かれ

Sくん　それにもう一つ気になることがあるんですけど、〈のび太ロボット〉に脳内データをコピーしたあとののび太君はどうなるんでしょう？　死んじゃうのかな？

Qさん　人間だから、いずれは死んじゃう。

Sくん　それはそうだけど、死ぬまでの間、のび太君と〈のび太ロボット〉が同時に存在してるよね。さっきQさんは「のび太君の立場になって考えてみよう。のび太君本人は『僕はのび太だ。体は機械だけど、心はのび太だ』というふうに感じるはず」って言ったけど、逆に、人間ののび太君の立場からはどうなるのかな。人間ののび太君は、自分の脳内データが移された〈のび太ロボット〉を見ても、それが「自分だ」とは感じられないんじゃないかな。

T先生　〈のび太君〉と〈のび太ロボット〉が同時に存在している状況では、不思議なことが生じている。というのは、〈のび太君〉の記憶を移された〈のび太ロボット〉は「僕はのび太だ」と意識しているけど、一方、人間の〈のび太君〉も相変わらず「僕はのび太だ」と意識している。

Sくん　オリジナルの心とコピーの心だったら、やっぱり、オリジナルの方が「本物」なんじゃないでしょうか。

Qさん　でも、もし、心をコピーされた直後に何かの理由で〈のび太君〉が死んでしまったら、〈のび太ロボット〉の「僕はのび太だ」という主張をみんなが認めるんじゃないかな。

Sくん　そうかもしれないけど、人間の〈のび太君〉は死んでしまうんだから、〈のび太君〉は不死になっていないよ。

T先生　全体の状況を考えてみよう。コピーされることによって、「〈のび太君〉の視点」は世界に二つ存在することになった。「〈人間のび太〉から開けている視点」と「〈ロボットのび太〉から開けている視点」の二つだ。どちらの視点も、コピー以前の〈のび太君〉の記憶を引き継いでいて、どちらも「自分はのび太だ」と意識している。とすれば、これら二つの視点の一方（それが人間の方であれ、ロボットの方であれ）が消滅した場合、残った方の視点は、やはり「自分は、生まれてからずっと存在し続けている自分（のび太）だ」と意識し続けるだろうね。たとえ「機械の体から開けている視点」の方が残ったとしてもね。

Sくん　でも、残った方の視点ではなくて、消滅してしまう方の視点からしたら、残る方の視点は（たとえ、起源が同じ人間であっても）やっぱり別人の視点なんじゃないでしょうか。別人の視点が存在し続けても、消滅してしまう方の視点からしたら、それは「自分自身の視点」ではないと思います。

T先生　二つの視点が**どちらも**「**のび太君の視点**」であるとしても、**どちらか一方だけが**

「**自分自身の視点**」であるとS君は言いたいわけだね。

Sくん そうです。いくら他の人から「のび太」として認められるロボットが生き続けたとしても、そして、そのロボット自身も「自分はのび太だ」と意識しているとしても、死んでいく人間ののび太君からしたら、それは「自分」の身に起こったことではないと思います。

T先生 なるほど。〈人間のび太〉も〈ロボットのび太〉も、同じ記憶を引き継いでおり、どちらも「僕はのび太だ」と意識している。コピー前の〈のび太君〉の視点を「視点A」と名付け、コピー後の〈人間のび太〉の視点を「視点B」、〈ロボットのび太〉の視点を「視点C」と名付けよう。視点Bも視点Cもそれぞれ「自分は視点Aを引き継いでいる」と意識している。つまり、**視点Aが視点Bと視点Cに枝分かれした**わけだ。しかし、BとCの両方の視点を同時に持つことはできなくて、必ずどちらか一つ(たとえば視点B)しか持つことはできない。すると、持てなかったもう一方の視点(視点C)の持ち主に起こることは、(視点Bからしたら)「自分」に起こることではない。S君の考えをくわしく述べるとこういうふうになるかな?

Sくん そうです。だから、たとえ、のび太君の心をコピーすることができたとしても、のび太君は不死にはなれないと思います。

Qさん　う〜ん、そうかなあ。残った方がのび太君であることを他人が認め、本人も「僕はのび太だ」と意識しているんだから、のび太君は生き延びているような気がするけど。

T先生　ここまでの議論をまとめてみよう。結局、**「機械の体を持つことで不死になる」ということが実現するには三つのハードルがある。**一つめのハードルは、ロボットが心を持つことが可能だということ。これは「心は機能だ」と考えればクリアできそうだ。二つめのハードルは、のび太君の心をコピーしたものは「のび太君の心」なのであって、「のび太君の心によく似た別の心」ではないということ。三つめのハードルは、コピーされた心は、他の人たちにとって「のび太君の心」であるだけでなく、のび太君自身にとっても「自分の心」であるということ。これら三つのハードルを超えることができたら、のび太君は不死になれる。しかし、いま、S君とQさんは二つめと三つめのハードルに関して意見が対立しているんだね。

Sくん　三つのハードル全部を超えるのは難しそう。

Qさん　最初から「不可能だ」と決めつける理由はないと思う。

T先生　心のコピーが可能になったら、私たちが持っている「心」とか「人」とか「自分」の概念が変化せざるをえないだろうね。でも、どんなふうに変化するかをあらかじめ予想するのは難しい。というのは、心をコピーすると、「主観的視点が二つに枝分かれする」という人類が経験したことのない事態が生じるからね。

どちらとして目覚めるか

Sくん　のび太君の脳内データをコピーする際に、のび太君は麻酔か何かで眠っているんでしょうか。

T先生　そうだろうね。

Sくん　T先生が言うみたいに、視点Aが視点Bと視点Cの二つに枝分かれするのなら、麻酔から覚めたとき、〈のび太君〉には二つの目覚め方があります。〈人間のび太〉(視点B)として目覚める可能性と、〈ロボットのび太〉(視点C)として目覚める可能性の二つです。

T先生　そうだね。〈人間のび太〉(視点B)も〈ロボットのび太〉(視点C)も、コピー直前までの〈のび太君〉(視点A)と同じ記憶を持っているから、二人とも「自分はのび太だ」と意識するはずだ。ということは、**目覚めた瞬間は自分が人間なのかロボットなのか二人とも判断できない**だろうね。

Sくん　なるほど、そうですね。

T先生　自分の体を調べたあとに初めて、自分が人間なのかロボットなのか区別がつくだろうね。

Sくん　でも、〈人間のび太〉と〈ロボットのび太〉のどちらの視点で目覚めるかによって、別々の事実が生じます。それらの事実の間には大きな違いがあります。

Qさん　どういう違い？

Sくん　**〈ロボットのび太〉だったら不死になる**けど、**〈人間のび太〉だったら死ななきゃいけない**という違いです。

T先生　確かに大きな違いだね。

Qさん　ちょっと待ってください。別々の事実が本当にここにあるでしょうか。ここには「〈ロボットのび太〉と〈人間のび太〉がいる」という一つの事実があるだけじゃないでしょうか。

Sくん　でも、どちらの〈のび太〉になるかによって運命は全然違ってくるよ。

Qさん　それは、二人が別人だから、当然でしょ。

Sくん　自分がどちらの運命になるかは、大きな違いだよ。

Qさん　運命の違いは別人であることからの帰結にすぎないでしょ。

Sくん　でも、当人たちにしてみたら、自分がどちらなのかは大きな違いだよ。

Qさん　でも、客観的にはどうかな。「客観的」というのは、「〈人間のび太〉でも〈ロボットのび太〉でもない第三者の視点から見る」ということよ。たとえば、第三者である私たちから見たら、ここには「〈人間のび太〉と〈ロボットのび太〉がいる」という一つの事実しかないでしょ。当人たちは、それぞれ違った視点からこの一つの事実を見ているわけだけど、だからと言って事実が二つになるわけじゃないと思う。

Sくん　う〜ん、納得いかないな。

Qさん　T先生はどう思いますか。

T先生　「〈人間のび太〉と〈ロボットのび太〉がいる」という一つの事実を、〈人間のび太〉の視点（視点B）と〈ロボットのび太〉の視点（視点C）から見ているけど、それは「見え方の違い」であって、「事実の違い」ではない。Qさんはこう言いたいわけだね。

Qさん　そうです。

Sくん　でも、これは単なる「見え方の違い」じゃなくて、二人に生じる「運命の違い」ですよ。一人は死んで、もう一人は死なないんですから。だから、当人たちにとっては、はっきりした「事実の違い」だと思います。T先生、Qさんと僕のどちらの考えが正しいと思いますか。

T先生　二人とも正しいよ。

Qさん　どういうことですか。

T先生　コピーのあとに、〈人間のび太〉として目覚めるか、〈ロボットのび太〉として目覚めるかということは、確かに当人たちにとって大きな違いだ。どちらとして目覚めるかによって、自分がこれから経験する運命が全然違う。つまり、生と死という違いが生じるからね。

Sくん　そうですよね。

T先生　それは「事実の違い」と呼んでいいかもしれない。でも、この「事実」は「**当人にとってしか存在しない事実**」だ。Qさんが言ったように、第三者の視点からしたら、「二人が〈人間のび太〉として目覚めてやがて死に、もう一人が〈ロボットのび太〉として目覚めて不死になる」という一つの事実だけが存在している。つまり、当人にとって存在している「自分はどちらなのか」という違いは、第三者の視点からしたら、存在していない。

Qさん　そうですよね。

T先生　第三者の視点からしたら、「〈人間のび太〉と〈ロボットのび太〉は別人だ」という違いしか存在しない。つまり、「一方は死ななければならず、もう一方は不死だ」というう違いは、第三者にとっても確かに存在しているけれど、「自分がどちらなのか」という違いは第三者にとっては存在しない。

Sくん　「〈人間のび太〉と〈ロボットのび太〉は別人だ」ということと「自分がどちらなのか」ということは別だということですか。

T先生　そうだよ。前者は〈人間のび太〉と〈ロボットのび太〉の間の違い。後者は「自分が〈人間のび太〉であること」と「自分が〈ロボットのび太〉であること」の間の違い。

Qさん　そして、T先生の考えによれば、前者の違いは第三者にとっても存在するけど、後者の違いは当人にとってしか存在しないんですよね。

T先生　そのとおり。なぜなら、後者の「自分」というのは視点Bと視点Cのことだ。「自分がどちらなのか」というのは、自分の主観的視点がどちらの人物から開けているかということだ（ロボットも「人物」だとしておこう）。だから、「自分が〈人間のび太〉であること」と「自分が〈ロボットのび太〉であること」の間の違いは、視点Bと視点Cにとってしか存在しない。つまり二人以外の他人にとって、この違いは存在しない。

Sくん　う〜ん、不思議ですね。「自分が不死になるか、ならないか」は大きな違いなのに、他人にとってはその違いが存在しないなんて。

T先生　確かに、〈人間のび太〉は「僕は人間の体のままか。死ななければならないのだな」と思うだろうし、〈ロボットのび太〉は「僕は機械の体になったんだ。これで不死になれる」と思うだろうね。二人の運命はかけ離れている。そして、二人の運命の違いは他人にとっても存在している違いだ。現にいま私たちは二人の運命が違うことを理解しているよね。でも、**「どちらが自分の運命なのか」は当人にとってだけ存在している違い**だ。

Qさん　「自分が〈人間のび太〉と〈ロボットのび太〉のどちらであるか」ということは、第三者にとっては存在しない「違い」なんですね。

T先生　結局、自分と他人の間の**視点の違いは世界の中で生じている客観的事実ではない。**

Sくん　何となく分かってきたような、やっぱりよく分からないような。

主観的視点は一つだけ

T先生　主観的視点というのは不思議な存在の仕方をしている。

Qさん　前（第七章で）、物質一元論について議論したときに、脳の中の同じ一つの活動が、主観的視点（内側からの視点・一人称の視点）からは「うれしいという感情」として見えて、客観的視点（外側からの視点・三人称の視点）からは「電気や化学物質の流れ」として見える。私はこういうふうに考えました。

T先生　そうだったね。自分の感情・思考・記憶・欲求などは主観的視点から意識される。たとえば、自分が今「うれしい」という感情を持っていることが意識される。主観的視点は本人だけが持っている視点であって、他人に対しては隠されている。といっても、主観的視点は「空間的内部に隠されている」という意味で、他人に対して隠されているわけではない。だから、主観的視点は「脳の空間的内部」にあるのではない。これらのことが確認されたね。

Qさん　結局、主観的視点の存在論的身分については未解決なままで、「脳内の電気や化学物質の流れ」と「うれしいという感情」の関係も未解決なままでした。

T先生　そうだったね。しかし、今「二人ののび太君」をめぐって問題になっている「主観的視点の存在の不思議さ」は、また別の問題なんだ。

Qさん　どんな問題ですか。

T先生　自分と他人の違いに関する問題だよ。

Sくん　「自分と他人の違い」ですか？

T先生　そう。主観的視点は他人に対して隠されているから、〈人間のび太〉と〈ロボットのび太〉は互いの視点を共有できないよね。

Sくん　そうです。

T先生　〈人間のび太〉と〈ロボットのび太〉の間に起こることは、実は私たちの間で既に起こっている。

Sくん　どういうことですか？

Qさん　「ここにT先生とS君とQがいる」という一つの事実をそれぞれ違った視点から見ているという点が同じだということですか。

T先生　それとは別のことだよ。

Qさん　何ですか。

T先生　私たちは、「各自がそれぞれ主観的視点を持っている」というふうに、お互いのことを理解しているよね。

Qさん　そうです。ここまで、そういう前提で議論してきたと思います。

T先生　しかし、「主観的視点」から見えるものとは、たとえば「私が感じていることの『うれしい』という感情」だ（感情だから「見える」というより「感じる」と言うべきかもしれないけれど）。そして、私が感じることができる感情は、私の感情だけだ。つまり、**主観的視点は**

実は一つしかないんだ。だから、「各自がそれぞれ主観的視点を持っている」という言い方は、「主観的視点」の一番の特徴（一つしかないということ）を隠してしまう言い方なんだね。

Qさん　でも、「主観的視点は一つしかない」と私もS君もT先生も思っているんじゃないですか。

T先生　デカルトの「我あり」の議論（第六章）を思い出してごらんよ。あのときQさんは「絶対に存在を否定できないのは、世界の中で私ただ一人だ」って言ってたよね。あの「**世界の中で私ただ一人**」というのが「主観的視点は一つしかいない」ということだよ。

Qさん　ああ、そうでした。思い出しました。

T先生　自分が意識しているのは〈この主観的視点〉だけだ。〈他人の主観的視点〉を意識することは不可能だ。にもかかわらず、「各自がそれぞれ主観的視点を持っている」と私たちが普段言っているのは、理屈でそう思っているからだよ。

Qさん　「他の人も主観的視点を持っている」というのは、ただの理屈だということですか。

T先生　「理屈」ではなく「**人間の生活に深く根ざした信念**」と言った方がよかったかな。いずれにしても、これに対して、「自分は〈この主観的視点〉を意識している」というのは理屈でも信念でもない。

Sくん　理屈でも信念でもなかったら、何ですか。

T先生　事実さ。自分の場合だけ、主観的視点の存在を意識している。そして、意識のあるところにしか主観的視点は存在しない。つまり、主観的視点は一つしか存在しない。

Qさん　主観的視点は一つしかない……。**当たり前のような、とんでもなく不合理なような……。**

言葉の限界

Qさん　不思議です。「主観的視点は一つしかない」と私が考えるとき、確かにそういう気がします。でも、すぐに、きっと他の人も同じように「主観的視点は一つしかない」と考えているだろうなという気がしてきます。でも、みんながそう考えていたら、一つしかないはずの「主観的視点」が複数あることになります。それは矛盾です。

T先生　そうだね。私たちは「主観的視点」についていろいろ話してきたけど、そのとき、まるで「主観的視点」について一般的に考えることができるような前提で話し合ってきた。つまり、「複数の主観的視点が存在する」ということを暗黙の前提にしていた。本当は「主観的視点」は一つしかないのにね。

Qさん　「主観的視点」という言葉を使うことが矛盾を引き起こしているんじゃないでしょうか。

Sくん　じゃあ、僕たちは矛盾したことをずっと話してきたということ？

T先生　哲学では**「言葉の限界」の間際（まぎわ）で議論する**ということがときどき起こるんだ。

Sくん　「言葉の限界」ですか？

T先生　そう。ある思考内容を言葉にしようとすると、その言葉が思考内容を裏切ってしまう。しかし、不思議とその思考内容は伝わる。そんな場面があるんだよ。

Qさん　必ず伝わるんですか？

T先生　いや、そうとは限らない。伝わる場合もあれば、伝わらない場合もある。料理のレシピみたいなものだ。レシピは料理そのものとは別だよね。

Sくん　それはそうです。レシピをいくら読んでも、味は分かりません。

T先生　しかし、レシピに従って料理を作って食べてみれば、味は分かる。

Qさん　哲学の言葉も料理すれば伝わるということですか。

T先生　哲学の場合、「料理する」というのは、**「自分の経験に照らして自分の頭で考え**

る」ということだ。「主観的視点」という言葉もレシピにすぎない。この言葉を自分の経験に照らして自分の頭で考えれば、この言葉によって表現されようとしていた思考内容が分かることもある。もっとも、レシピを読んで作っても料理に失敗することもあるよね。その場合は、伝わらなかったということだ。

Qさん　でも、哲学をするとき、「自分の経験に照らして自分の頭で考える」ということをしない人がいるんですか。

T先生　いるよ。**料理しないでレシピだけを大量に頭に詰め込んでいる人**がいるよ。哲学研究者の中にもいる。

Qさん　そうなんですか。

T先生　残念ながら、そうだね。

死ぬのは私だ

Sくん　のび太君みたいに僕が二人になった場合、僕にとっての「自分の死」と、僕にとっての「もう一人のSの死」とはまったく別のことですよね。

T先生　そうだね。自分の死は「主観的視点が消滅すること」だ。他人の死は（それがたとえ「もう一人のS」であろうと）この唯一の視点とは関係がない。

Sくん　とすれば、僕が死ぬとき、「死ぬのはSだ」というより、むしろ、「死ぬのは僕だ」ということになりますか。

T先生　「僕」という語が「主観的視点」を意味している限り、そうなる。

Qさん　私（唯一の主観的視点）が誰であろうと（つまり、〈この視点〉がどの人物から開けていようと）、死ぬのは私。つまり、**死とは、「世界がそこから開けている唯一の視点が消滅してしまうこと」**。こうなりますか。

T先生　そうなるね。

Qさん　**私が誰であろうと、死ぬのは私**。でも、そうすると、**死ぬ私とは一体誰**なんですか。

T先生　誰だろうね……。私は、あるとき、自問自答したことがあった。「なぜ死ななければならないのだ。生まれてきたからか」「生まれてこなかったら死ななくてすんだのか」「では、生まれてきたこの私とは一体誰なのか。いずれ消滅するこの私とは一体誰なのか」。こんなふうにね。

Sくん　自問自答して、答えは出ましたか。

T先生　いや、出なかったよ。死（「死神」と言った方が分かりやすいかな）に向かって私は詰問した。「私が消滅することなどありえない」。そしたら言い返された。「なぜありえないと言えるのだ」「私の知っている『私』は消滅するようなものではないのだ」「お前はお前自身が何者であるのかを知らないのだ」。こんな会話をしたよ。

Qさん　結局、答えは出なかったんですね。

T先生　ああ、出なかった。

Qさん　そうですか……。この問題について考える上で参考になる本はありますか。

T先生　「唯一の私」について哲学者の永井均（一九五一〜）がいくつも本を書いている。読んでごらんよ。

Qさん　でも、それらの本もレシピにすぎないんですよね。

T先生　もちろんだ。**レシピとして読まないと理解できない**よ。

心身問題との関係

Qさん　前（第七章で）、T先生は、「物心二元論には『心身間の相互作用』という弱点があり、物質一元論には『主観的視点の存在論的身分』という弱点がある」と言っていましたよね。

T先生　そうだったね。

Qさん　「主観的視点は一つしかない」とか「『この視点が自分の視点だ』ということは世界内の事実ではない」といういま明らかになった論点は、物心二元論と物質一元論のどちらに有利なんですか。

T先生　**どちらにとっても有利でもなければ不利でもない。**心の正体が脳（や脳の機能）であろうと、非物質的な魂であろうと、これらの論点は成り立つからね。つまり、これらの論点は心身問題から独立しているんだよ。

Sくん　じゃあ、これらの論点は、「肉体が死んだあとに私はどうなるのか」という問題と無関係だということですか。

T先生　そのとおり。

Sくん　「死んだらどうなるか」と言うときの「死」は「身体の死」のことですよね。

T先生　そうだね。私の身体が消滅したら、私のこの主観的視点も一緒に消滅するのかどうか。それは分からない。さっきQさんが言ったように、「私の死」とは「世界がそこから開けている唯一の視点が消滅してしまうこと」だけど、「私の死」と「私の身体の死」

が同時に起こるのかどうかは分からない。

Qさん　すると、「死んだらどうなるか」という問いに対して、結局、「分からない」というのが結論になりますか。

T先生　「死んだらどうなるか」について人間は大昔からいろいろなことを考えてきたけど、それらは全部、推測だよ。だから、私たちも、まだあきらめずに、もう少し推測してみよう。

まとめ

❖のび太そっくりのロボットに、のび太の脳内データをすべてコピーする。

〈人間のび太〉が**機械の体を持つことで不死になる**ためには次の**三つのハードル**を超えなければならない。

①ロボットは心を持てる。

②〈ロボットのび太〉の心は、〈人間のび太〉の心によく似た別の心ではなく、〈人間のび太〉の心である。

③〈ロボットのび太〉の心は〈人間のび太〉自身にとっても「自分の心」である。

❖〈人間のび太〉と〈ロボットのび太〉の両方が同時に存在する場合、**〈主観的視点〉の枝分かれ**が生じている。

❖自分が〈人間のび太〉であるか、〈ロボットのび太〉であるかは、**当人にとってだけ存在する違い**であって、世界内の事実ではない。

❖**〈主観的視点〉は一つしかない。**「他の人も主観的視点を持っている」というのは人間の生活に深く根ざした信念にすぎない。

❖〈私の死〉とは、**世界がそこから開けている唯一の視点が消滅する**こと。

第九章
関係としての心
死んで自然に還る

Sくん　「死んだらどうなるのか」ということについての考え方には、大きく分けて、六つのパターンがあるとT先生は言いましたよね（「第一部」冒頭）。

T先生　そうだね。

1　他の人間や動物に生まれ変わる
2　別の世界で永遠に生き続ける
3　すぐそばで子孫を見守る
4　子孫の命の中に生き続ける
5　自然の中に還る
6　完全に消滅する

この六つだね。S君と（第一部で）話したときに1から4のパターンを取りあげて、Qさんも加わって（第二部第七章で）物質一元論について論じたときに6の「完全に消滅する」というパターンに触れたよね（もっとも、物質一元論の場合でも「機械の体を手に入れて不死になる」という可能性は残っているけどね）。

Sくん　そうすると、5の「自然の中に還る」というパターンがまだです。

T先生　では、このパターンについて説明しよう。

千の風になって

T先生　S君とQさんは「千の風になって」という歌を知っているかい？

Sくん　いえ、知りません。

Qさん　私も知りません。

T先生　何年か前に大ヒットした歌だ。死んだ人が生き残った人に話しかけるんだ。話しかける内容は、「私はお墓の中で眠ってはいない。私は千の風になって大空を吹きわたっている。秋には光になって畑にふりそそぎ、冬はきらめく雪になる。朝は鳥になってあなたを目覚めさせ、夜は星になってあなたを見守る」というものだ。原作の英語の詩はメアリー・フライという人が作ったようだ。新井満（あらいまん）（一九四六〜）が訳して曲をつけたんだよ。

Qさん　死んだあと、風、光、雪、鳥、星、いろいろなものになるんですね。

T先生　死ぬと自然界全体に広がっていく。そんなイメージだね。「千の風」だから、空全体に広がっているよね。そして、その風が、そのときどきに光や雪や鳥や星に変わるんだね。死んだあとどこか一つの場所にいるのではなくて、自然界全体に広がって存在しているんだ。

Sくん 今まで出てきたどのパターンの死生観とも違いますね。

Qさん この歌がヒットしたのは、聴いているたくさんの人たちの気持ちにアピールするものがあったからでしょうね。

T先生 そうだろうね。

Sくん この歌では「私はお墓の中で眠ってはいない」と言っていますけど、最近は、亡くなった人の骨をお墓に埋葬しないで、海に撒くというやり方があるそうですね。

T先生 「海洋葬」とか「海洋散骨」と呼ばれる方法だね。

Qさん 海洋葬をする遺族の気持ちは、「千の風になって」という歌に共感する気持ちと同じようなものなんでしょうか。つまり、「広い海という大自然の中に広がっていって欲しい」というような。

T先生 そうかもしれないね。

Sくん 「千の風になって」がヒットしたり、海洋葬がおこなわれるようになったのは、「死んだら自然の中に広がっていく」という死生観が最近現れたからでしょうか。

T先生 いや、「**死ぬと自然の中に広がって溶け込む**」という死生観は昔からあったよ。

たとえば、良寛（一七五八〜一八三一）という江戸時代のお坊さんが作った和歌に、「**形見とて何か残さん春は花夏ほととぎす秋はもみじ葉**」というのがある。「私が死んだあとの形見として何を残そう。春には桜の花、夏にはホトトギス、秋には色づいたもみじの葉がある。他に形見は要らないだろう」という意味だ。この和歌は「千の風になって」と似ている。

Sくん　どういう点で似てるんですか。

T先生　この和歌は、あっさり読めば、「私が好きだった桜やホトトギスやもみじをきっかけに、私のことを思い出して欲しい」という意味に取れるけど、「千の風になって」と同じように、「死んだ私は自然の中に広がり溶け込んでいる。桜の花にもホトトギスにももみじ葉にも、それぞれ私が宿っている。だから、それらを形見と思って欲しい」という意味に取ることもできると思う。

Qさん　**形見には亡くなった人が宿っている**ということですか。

T先生　そうだよ。普通、形見にする物は、亡くなった人の着ていた服や愛用の文房具や装飾品などだ。それらの品物を見たり、触ったりすると、亡くなったその人と一緒にいるような気持ちになるんだね。形見というのはそういうものだと思うよ。

Qさん　良寛の和歌の場合も同じですか。

T先生　うん、そうだと思う。死んだ良寛は自然界全体に広がって、自然の中のいろいろなもの（桜やホトトギスやもみじなど）に宿るから、それらが形見になるんだね。

Sくん　良寛さんて、いつも子どもたちと手毬で遊んでいたお坊さんですよね。祖母からそう聞いたことがあります。

T先生　そうだね（笑）。良寛には、「霞立つ長き春日を子どもらと手毬つきつつこの日暮らしつ」という和歌もある。「霞のたなびく春の長い日に、子どもたちと手毬をつきながら一日を過ごしたよ」という意味だ。

Sくん　なんだか、のんびりしていて、いい感じのお坊さんですね。

生きかわり死にかわり

T先生　自然界では常に生命が循環している。たとえば、私の家の隣に雑木林があるんだけど、毎日見ていると季節の変化を実感するよ。二階建ての二倍くらいの高さの木が集まった林なんだ。冬の間は寒々しい枯れ枝ばかりだけど、三月末くらいになると、枯れ枝に薄ぼんやりと靄がかかったように見え始める。

Sくん　靄がかかるんですか。

T先生　実は、靄ではなくて、たくさんの芽生(めば)えたばかりの薄緑色(うすみどりいろ)の小さな葉っぱなんだ。小さな葉っぱが枯れ枝の全体に芽生えるから、まるで靄のように見えるんだよ。

Sくん　へえ、おもしろいですね。

T先生　その小さな葉っぱの生長する速度がすごいんだ。最初、小さすぎて靄のように見えていたのが、だんだん葉の形がはっきり見えるようになる。「昨日より大きくなったな」と分かるよ。

Qさん　そんなにはっきり分かるんですか。

T先生　毎日見てると分かるよ。あれよあれよという間(ま)に大きくなっていく。五月の連休のころには、「立派な大人の葉っぱ」という感じで、濃い緑色の葉が林一面を覆うんだ。

Sくん　新緑の季節ですね。

T先生　やがて、暑い夏が来て、びっしり生(お)い繁った葉っぱの間でセミの大合唱だ。しかし、秋になると、それらの葉は少しずつ黄色に変わっていく。そして、十二月には黄色い葉っぱが道路や庭に降ってくる。毎日次から次に降ってくるから掃除が大変だ。でも、年が明けるころには、すっかり落ちきって枯れ枝だけが残る。

Qさん　季節が一巡したんですね。

T先生　そうだね。ところがだ、ところがだよ。春になると、また小さな葉っぱが芽生えてくるんだ。律儀（りちぎ）だねえ。

Sくん　「律儀」って人間みたいですね（笑）。

T先生　カレンダーを持っているわけでもないのに、春には必ず芽生えるんだ。すごいよね。こんなふうに、毎年毎年、「芽生え→新緑→セミの合唱→黄葉（こうよう）→落葉（らくよう）→枯れ枝」を繰り返すのを見ていると、「自然の力はすごい」と感じるよ。

Sくん　植物も季節の変化が分かっているのかもしれませんね。

T先生　北原白秋（きたはらはくしゅう）（一八八五～一九四二）という詩人のことばに**「薔薇（ばら）の木に薔薇の花咲く。何ごとの不思議なけれど」**（「薔薇二曲」）というのがあるけど、そういう心境になってくるよ。

Qさん　バラの木にバラの花が咲くのは当たり前と言えば当たり前ですよね。バラの木に桜の花が咲いたら不思議ですけど。

T先生　うん、雑木林の木に毎年葉がついて、落ちて、次の年にまた葉がつく。このことも当たり前と言えば当たり前だ。でも、不思議と言えば不思議だ。枯れ枝から始まってぐんぐん葉が大きく生長する姿を、こうも毎年、繰り返し目の当たりにすると、「自然の生命力はすごい」と感じるよ。

Sくん　雑木林の話と「自然の中に還る」という死生観が関係しているんですか。

T先生　うん。葉は春に生まれ、生長し、冬に死んで、枯れ葉になる。そして、翌年の春に再び生まれてくる。つまり、生まれては死に、死んでは生まれる。

Sくん　人間の場合も同じだということでしょうか。

T先生　そのとおり。人間も生まれては死に、死んでは生まれる。

Sくん　それは輪廻のことですか。

T先生　いや、輪廻とは違う。一つ一つの葉や人間の個別性はここでは無視されている。だから、輪廻とは全然違う。

Sくん　う～ん、輪廻との違いがよく分かりません。

T先生　村上鬼城（むらかみきじょう）（一八六五～一九三八）という人の作った俳句に「**生きかわり死にかわりして打つ田かな**」というのがある。

Qさん　「打つ田」というのはどういう意味ですか。

T先生　「打つ」というのは「田んぼを耕す」という意味だよ。

Qさん　そうすると、「生きかわり死にかわりして耕す田かな」という意味になりますね。

T先生　村上鬼城の目の前に田んぼがある。そこを数人の農民が耕している。彼らの労働を見ているうちに鬼城の心には、時間を貫いた景色が見えてくる。年老いた農民はやがて死んでいなくなり、若い農民が代わって耕し続ける。同じ一つの田を、何世代にもわたって人間は耕し続けてきた。これからも、新しい世代が生まれ、古い世代は死ぬ。その新しい世代もやがて年老いると、また新しい世代が生まれてくる。そのようにして目の前のこの田を人々は耕し続けている。鬼城の心にはこんな景色が見えたんだろうね。

Qさん 雑木林のお話とどう関連しますか。

T先生 さっきの雑木林に対応させれば、田んぼは木で、それを耕す人間は葉っぱだよ。

Sくん 人間は葉っぱですか。

T先生 そう。生まれた葉っぱが生長して、やがて黄色くなって死ぬように、生まれた人間も成長して、やがて死ぬ。しかし、古い葉が散ったあとに新しい葉が芽生えるように、次の世代の人間が生まれてくる。これが「生きかわり死にかわり」ということだ。

Qさん 田を耕す人が交代するんですね。ただし、「当番だから」とか「疲れたから」という理由で交代するのではなく、「死と誕生」が交代の理由なんですね。

T先生 そのとおり。「生きかわり死にかわり」というのは「死と誕生によって、耕す人が交代する」ということだ。つまり、この俳句では、耕す人間ではなく、耕される田んぼに焦点を当てているんだ。

Sくん 一人一人の人間の個別性が無視されているのはちょっと引っかかります。

T先生　うん、この見方では、人間は自然の中の一つの要素に過ぎない。木の葉も厳密には一枚一枚別のものだけど、私たちは木を見るときにそういうふうには見ないよね。去年と今年の葉っぱも厳密には別のものだ。しかし、私たちはそれらを区別しない。だから、木を見ていると、毎年同じことが繰り返されているように見える。村上鬼城のこの俳句の場合、人間をそういうふうに「自然の中の一要素」として見ているから、世代が代わっても、何も変わらず同じこと（「この田を耕す」ということ）が繰り返されているように見えるわけだ。

Qさん　「死んだら自然の中に還る」という死生観の場合、人間を「自然の中の一要素」として捉えることが本質的な特徴なんでしょうか。

T先生　そう言っていいと思う。

Qさん　「自然の中に還る」と言う以上、「もともとは自然の中にいた」ということですよね。

T先生　そうだね。この死生観には、「死ぬと、もといた所へ戻る」というイメージが含まれている。

Qさん　「もともといた所」というのが「自然」のことなんですね。

T先生　そのとおり。**人間の生き死にも自然の営みの一部**なんだ。だから、耕す人間たちと耕される田んぼの両方あわせて自然なんだね。

Sくん　う〜ん、分かるような、分からないような。

１００万回生きたねこ

T先生　S君とQさんは『100万回生きたねこ』という本を知っているかい？

Sくん　はい、読んだことがあります。

Qさん　佐野洋子さん（一九三八〜二〇一〇）の書いた絵本ですよね。

T先生　あらすじだけ言うと、こうなる。百万回、生と死を繰り返した猫がいた。いつも飼い主のことが嫌いで、自分自身が大好きな猫だった。しかし、あるとき白猫と出会った。白猫はまだ一回も生き終わっていなかった。猫は自分以上に白猫が好きになり、二匹で一緒に年老いていった。白猫が死んだとき、猫は初めて泣き、そして二度と生き返らなかった。

Qさん　そうですね。そういうあらすじですね。

T先生　最後から二つめのシーンは、白猫の死骸を抱（かか）えて号泣する猫の姿がページいっぱいに描かれている。そのページをめくると、最後のシーンなんだけど、そこには誰もいなくて、遠くに建物が、そして、近くに草が大きく描かれている。そのそばに、「ねこはもう、けっして　生きかえりませんでした」と書いてある。私は、この最後のシーンを見たときに「**やすらぎとしての死**」という印象を受けたよ。死んだ猫に向かって、「よかったね。もう生と死を繰り返さなくていいんだね」と話しかけたい気持ちになった。

Sくん　「やすらぎとしての死」ですか。

T先生　そう。主人公の猫は、自分自身以上に白猫を好きになり、子猫たちを育て、二匹で一緒に年老いていった。そして、白猫が死んだとき、猫は初めて泣いた。これまで、百万回、生と死を繰り返してきたけど、その間、一度も泣いたことがなかったんだね。猫は白猫を愛し、白猫を失って泣き、初めて**完全に生き尽くした**んだと思う。だから、もう生き返らなかったんだ。私はこんなふうに感じたんだよ。

Qさん　「完全に生き尽くした」ですか。

T先生　そう。「十分に生きた」と言ってもいいよ。この猫は、生と死を百万回繰り返していた間、まだ生き尽くしていなかった。今回、初めて完全に生き尽くした。そういうふうに私には思えたんだ。だから、私は猫に向かって「よかったね」と言いたくなったんだよ。

Sくん　でも、「猫は白猫と一緒に天国で暮らしているから生き返らなかった」とは考えられませんか。

T先生　ラストシーンには、猫も人間もいなくて、草が大きく描かれているんだけど、これを見たときに、「猫や白猫が天国へ行った」というふうには思えなかったな。むしろ、「自然の中へ溶け込んで消えていった」というふうに感じられた。つまり、「死ぬと自然の中に還る」という死生観がこのシーンに現れているように思われたんだ。

Sくん　なぜですか。

T先生　それまでのどのシーンにも、猫や人間が描かれている。一方、ラストシーンは草と建物だけが描かれている。つまり、百万回繰り返された生のシーンには必ず猫や人間がいたのに、最後の死のシーンには誰もいない。この突然の〈不在〉に、「自然の中へ溶け込むこととしての死」というものを私は感じたんだ。まあ、これは私の感じ方であって、文学作品というものは、読者に応じて、さまざまな読み方が可能だけどね。

Qさん　私もこの本を読み終わったときに「ハッピーエンド」だと感じました。その理由は自分ではよく分かりませんでしたけど。

土に還る

T先生 もう一つ例をあげよう。高見順（一九〇七〜一九六五）という作家が「帰る旅」という詩を書いている。『死の淵より』という詩集に収められているんだけど、彼は食道ガンの手術の前後にこの詩を書いた。そして、そのしばらく後に亡くなった。この詩の一部を読んでみるよ。

この旅は
自然へ帰る旅である
帰るところのある旅だから
楽しくなくてはならないのだ
もうじき土に戻れるのだ
おみやげを買わなくていいか
埴輪や明器のような副葬品を

Sくん　「明器」ってなんですか。

T先生　亡くなった人が使っていた道具や動物などを模型（木や陶器）にして、墓の中に一緒におさめたものだよ。昔の中国でおこなわれていた習慣だそうだ。

Qさん　この作家は「死」を「**自然へ帰る旅**」と捉えているんですね。

T先生　そうだね。「死」を「土になる」とか「土に還る」と表現することがある。この表現は、「死体が分解されて土に溶け込む」という即物的な意味を持つのは確かだけれど、それだけでなく、「人間は、本来、自然の一部であるが、生きているときは、自然から離れた存在になっている。しかし、死によって、自然の中へ広がりつつ溶け込むことによって、再び自然の中へ還っていくのだ」というイメージも含まれていると思う。

Sくん　「死ぬと自然の中に還る」という死生観の起源はどこにあるんでしょうか。これまで取りあげた死生観には、仏教とか儒教のような起源がありましたけど。

T先生　この死生観に関して特定の起源をあげるのはむずかしいな。もしかしたら、人間が持っている死生観の中で一番古いものかもしれない。にもかかわらず、**現代の自然科学とも矛盾しない**と思う。

Qさん　どういうことですか。

T先生　うん、説明するよ。

自然の一部としての身体

T先生　人間が生きていられるのは、常に外界（身体の外の世界）と物質のやりとりをしているからだ。たとえば、酸素を吸い込んで二酸化炭素を吐き出している。これは呼吸だ。それから、食べ物を食べて、便を出している。食事と排泄だ。

Qさん　確かに酸素と食料がなければ人間は死んでしまいます。

T先生　人間の身体はおよそ六十兆個の細胞からできているけど、古い細胞は死に、新しい細胞が生まれてくる。たとえば、皮膚から出る垢（あか）は古い細胞の死骸だよ。

Qさん　死骸ですか。

T先生　そう。人間が生きているとき、六十兆個の一つ一つの細胞も生きている。しかし、細胞は寿命がくると、活動をやめて死んでしまう。皮膚の細胞の場合、死ぬと垢になるんだ。お風呂で体をこするのは外から皮膚についた汚れを落とすだけでなく、身体から出てくる垢を落としているんだね。

Sくん　そうすると、そのうち皮膚がすり減っていきませんか。

T先生　大丈夫。皮膚の奥から新しい細胞が細胞分裂によって生まれてくるから。新しい細胞を作る材料は、口から取り込んだ食べ物だよ。皮膚の細胞が細胞分裂で生まれてから死んで垢になるまでは、およそ四十五日だそうだ。

Sくん　すると、皮膚にできた傷が治るのも、新しい細胞が生まれてくるからですか。

T先生　そうだね。

Qさん　でも、細胞の中には神経細胞のように新しくならないものもありますよ。

T先生　確かに、皮膚の細胞が短期間で入れ替わるのに対し、神経細胞は人間が死ぬまで同じ細胞のままだ。しかし、神経細胞も生きて活動しているかぎり、細胞の外と酸素や二酸化炭素のやりとりをし、栄養物や老廃物のやりとりをしている。その結果、一つの神経細胞を構成している原子はおよそ一、二年で全部入れ替わるらしい。いずれにしても、口から取り入れた食料がもとになって細胞は新しくなり、老廃物は排出される。

Qさん　人間の体はいつも外界と物質のやりとりをしているんですね。

T先生　そう。外界と物質のやりとりをしなければ、人間は一瞬たりとも生命を維持できない。

Sくん　**人間の身体は外界に対していつも開かれている**ということですね。

T先生　そのとおり！　S君の言うとおりだ。さらに、外界の持つ条件（たとえば気圧や気温）も人間が生存可能な範囲は非常に限られている。一気圧（標高ゼロメートルでの気圧）が人間に最も適していて、この半分以下の気圧になると、生命にとって危険になる。

Sくん 気圧が低いのは山の上ですか。

T先生 そうだね。たとえば、富士山の頂上は一気圧の三分の二くらいだ。

Qさん 以前、富士山に登ったとき気分が悪くなりました。「高山病だ」と言われました。

T先生 気圧が低いと血液中の酸素濃度が低くなるから体調不良が起こりやすい。

Sくん 気温についてはどうですか。

T先生 うん、人間の生命にとって安全なのは摂氏四十五度までで、これ以上暑いと生命の危険が生じると言われている。寒い方に関しては、夏の服装のままだったら、十二度以下は危ないらしい。

Qさん 結局、**人間は周囲の環境とセットでなければ生命を維持できない**ということですね。

T先生 そのとおり! Qさんの言うとおりだ。人間は、一定の条件を満たす環境との間で常に物質のやりとりをしている。そうすることによって初めて存在し続けられる(そのことを私たちは普段あまり意識しないけれどね)。したがって、人間の生命は、〈人間の身体〉が単独で持つ機能というより、〈身体と環境の両方から構成されたシステム〉が持つ機能だと考えることができる。こういう意味で、人間は自然の一部だと言えるんじゃないかな。

身体と環境からなるシステムの機能としての心

Sくん　でも、それは「人間の身体が自然の一部だ」ということですよね。人間の心についても同じことが言えない限り、「死ぬと自然の中に還る」ということにはならないんじゃないでしょうか。

T先生　どういうことかな？

Sくん　もし心の正体が〈非物質としての魂〉であるなら、身体が分解して自然の中へ溶け込んでも魂だけ生き残ることが可能になるからです。

T先生　なるほど。「死んで自然の中に還る」と言えるためには、「身体だけでなく心も本来は自然の一部である」ことが必要だということだね。とすれば、「心の正体は〈脳〉あるいは〈脳の機能〉である」という前提が必要かもしれないね。この前提を置いたら、(脳は身体の部分だから)心も「自然の一部」だということになるんじゃないかな。

Sくん　ならないと思います。身体が分解する際に脳も分解します。でも、脳の分解は「心が自然の中に溶け込んでいく」というより、単に「心が消滅した」ということだと思います。分解した脳はもう〈心〉という機能を果たせませんから。

T先生　そうか……。

Qさん　あのう、心を「自然の一部」として捉える考え方を思いつきました。

T先生　ほう、どんな考え方かな？

Qさん　さきほどT先生は「人間の生命は〈身体と環境の両方から構成されたシステム〉の持つ機能だ」とおっしゃいましたけど、それなら、同じように、人間の心も**〈身体と環境の両方から構成されたシステム〉の持つ機能**だと考えることができるのではないでしょうか。

T先生　どういうこと？

Qさん　「心の正体は〈脳の機能〉だ」という考え方がありますが、実際には、脳は脳だけで孤立して働くことはできなくて、全身の神経と一緒になって初めて働くことができます。

T先生　確かにそうだね。

Qさん　とすれば、心は〈脳〉だけの機能ではなくて、〈脳と神経系全体〉の機能だと考えることができるんじゃないでしょうか。

T先生　なるほど。そんなふうに考えることはできるね。

Qさん　神経系には感覚神経や運動神経が含まれます。感覚神経の機能は、眼や耳などの感覚器官を通して外界から情報を取り入れることです。運動神経の機能は筋肉を動かすことです。そして、筋肉を動かすことで人間は外界に影響を与えることができます。

T先生　そうだね。

Qさん　とすれば、〈脳・神経・感覚器官・筋肉〉と〈周囲の環境〉とを合わせた全体が一つのシステムを構成していると考えられないでしょうか。

T先生　なるほど。おもしろい考えだね。

Qさん　そして、このシステム全体の持つ機能が〈心〉であると考えてみたらどうでしょう。そうしたら、心も自然の一部だということになります。

T先生　いやあ、実におもしろいな。

Sくん　Qさんの身体の中にある〈脳・神経・感覚器官・筋肉〉と身体の外にある〈周囲の環境〉が一緒になって全体として〈Qさんの心〉という機能を果たしているということ?

Qさん　うん、そう。

Sくん　ちょっと待って。周囲の環境まで含めて「Qさんの心」と言うのは変だよ。「Qさんの心が、眼や耳を使って周囲の環境について情報を得たり、手足を使って周囲の環境に影響を与えたりしている」ということで十分じゃないかな。身体の外まで心の範囲を広げる意味があるの？

Qさん　そもそも「周囲の環境」だって、人間から独立に考えることはできないと思う。

Sくん　どういうこと？

Qさん　人間の感覚器官が捉えることができるのは外界の或る側面だけよ。たとえば、人間の眼が見ることができる光の範囲は限られている。

T先生　確かにそうだね。人間には可視光線しか見えない。その外にある紫外線や赤外線は見えない（モンシロチョウは紫外線が見えるらしいし、ヘビは赤外線が見えるらしい）。さらにその外にある電波やガンマ線も人間には見えない。

Sくん　電波は見るものではないでしょう。

T先生　いやいや、光も電波も物理的には「電磁波」という同じもので、波長が違うだけだよ。

Qさん　それに、人間が手足を使って影響を与えることができるのも外界の或る側面だけよ。自動車だって、ハンドルやアクセルペダルみたいに人間の手足で操れる物を媒介にしないと動かせないでしょう。だから、「周囲の環境」と言っても、人間とセットで考えるべきよ。

Sくん　う～ん、どうかなあ。環境と人間をセットで考えることができるとしても、だから と言って、心の範囲を身体の外まで広げる意味があるのかなあ。

T先生　Qさん、そういうふうに心の範囲を身体の外まで広げることの理論的なメリット は他に何かある？　それがあれば、もう少し説得力が増すんだけど。

Sくん　そうだよ。「心も自然の一部だ」と言うために無理やり考えたという感じだよ。

Qさん　理論的なメリットは他にもあります。**人間どうしでなぜコミュニケーションができるか**を説明することができます。

T先生　どういうこと？

関係としての心

Qさん　生命は〈身体と環境の両方から構成されたシステム〉の持つ機能だと考えること ができます。

T先生　うん、それで？

Qさん　この**周囲の〈環境〉の中に他人の身体も含まれていると**考えるんです。

T先生　ふ〜む。

Qさん　すると、このシステム内には複数の身体が含まれていますから、そこには、**複数の〈脳・神経・感覚器官・筋肉〉**が含まれていることになります。

T先生　そうなるね。

Qさん　このシステムを〈**上位システム**〉と呼ぶことにします。各人の身体内の〈脳・神経・感覚器官・筋肉〉からなるシステムより上位にあるという意味です。

T先生　各人の身体がそれぞれシステムを構成し、さらにその上位にあるシステムだということだね。

Qさん　そうです。そもそも脳は千億個の神経細胞がつながった複雑なシステムです。そのシステムの中を電気と化学物質が流れることによって脳は活動しています。これは物質現象ですが、脳全体としては、何らかの思考や感情を持っています。ここで重要なのは「脳全体」ということです。

T先生　「脳全体」を何と対比しているの？

Qさん　個々の神経細胞です。個々の神経細胞だけで〈心〉になるのではなく、脳全体（つまり、神経細胞の集まり）というシステムとして初めて〈心〉になるという点が重要です。

T先生　なるほど。

Qさん 自分の思考内容や感情は自分にとって分かります。つまり、脳というシステムの内部でコミュニケーションが成立しています。

T先生 **「脳内コミュニケーション」**か。意識のことだね。

Qさん 同じように、複数の脳が含まれる上位システム内でもコミュニケーションが成立します。だから、上位システム内の一人の人の思考内容や感情が（言葉や表情や身振りを介して）別の人に理解されるわけです。

T先生 **「上位システム内コミュニケーション」**ということか。

Qさん そうです。他人どうしで言葉が通じるのは、そこに複数の脳が含まれる上位システムが構成されているからです。

T先生 でも脳内コミュニケーションは電気や化学物質の流れによって媒介されているけれど、上位システム内の他人どうしのコミュニケーションは言葉や表情や身振りによって媒介されている。この点は全然違うよね。

Qさん その違いはあります。でもそれは本質的な違いではないと思います。どちらも物質現象という点では同じです。言葉や表情や身振りだって、声帯や筋肉を動かしているだけです。上位システム全体が一つのまとまりを持った物質現象だと思うんです。

Sくん 今、T先生とQさんと僕の三人で話をしているけど、ここにも上位システムが構成されているの？

Qさん　そう。今私の心はどこにあるかというと、〈T先生とS君と私の三人を構成要素として含む一つの上位システム〉の中にある。だから、上位システム内の他人（T先生とS君）の思考内容や感情が、言葉や表情や身振りを介して、私に理解される。

Sくん　じゃあ、Qさんの心はQさんの身体の外にまで広がっているんだ。

Qさん　そのとおり。

T先生　ふ〜む、奇抜な理論だけど、おもしろいね。

Qさん　脳の千億個の神経細胞どうしの関係から〈心〉が生じうるなら、**脳どうしの関係**から〈心〉が生まれてもいいんじゃないでしょうか。

T先生　なるほど。「**関係としての心**」というのをQさんは考えたんだね。

Qさん　そうです。たとえば、人間がロボットに心を認めるかどうかも、**人間とロボットの関係次第**だと思います。つまり、人間とロボットとで一つの上位システムが構成されるかどうか次第だと思います。

Sくん　それって、「ロボットに心が認められるかどうかは社会的合意によって決まる」ということ？

Qさん　ロボットに心があるかどうかは、ロボットだけをいくら調べても決まらないのであって、ロボットと人間がどんな関わりを持つかによって決まる、ということよ。ただ、その関わりはロボットがどのような能力を持っているかにも左右されるから、「社会的合意さえあればどんなロボットでも心を持てる」というわけじゃない。

T先生　確かに、爬虫類（はちゅうるい）やマリモを飼っている人は、それらにも心があると思っているみたいだ。ガーデニングが趣味の人の中には草花に心を認める人さえいるよ。水やりするときに話しかけたりしてるもの。

Sくん　へえ、そんな人がいるんですか。

T先生　うん、私の家族だ。

Sくん　はあ。

Qさん　「人間とロボットの間に上位システムが構成される」ということが、「人間がロボットに心を認める」ということとイコールになります。

T先生　すると、人間の場合も、「お互いの間に上位システムが構成されている」ということが、「私たち人間がお互いを『心あるもの』として認め合っている」ということとイコールになる。Qさんはこう言いたいんだね。

Qさん　そうです。今ここで三人の間に成立している上位システムと同じような上位システムが他の人たちの間にも成立していて、それらたくさんの上位システムの巨大な集合体が存在すると思います。

主観的視点の消滅と残存する心

Sくん　じゃあ、僕の心とQさんの心とT先生の心は同じ一つの上位システムの中で重なって存在しているってことになるの？

Qさん　そう。

Sくん　でも、そしたら、三人の心がまったく同一の心になってしまわないかな。

Qさん　ならない。

Sくん　どうして？

Qさん　私にとってこの上位システムは〈主観的視点〉（唯一の主観的視点、つまり、私の主観的視点）という視点から意識されている。でも、このシステムの中で私にとって〈S君の心〉は〈主観的視点〉としては現れない。あくまでも〈S君の心〉にすぎない。だから、同じ上位システム内に重なって存在していると言っても、存在の仕方は違う。**一人称と二人称の違い**がある。一人称の心が〈主観的視点〉で、二人称の心が〈S君の心〉よ。

Sくん　そうか……。あっ、そうだ。じゃあ、この上位システム内の一つの身体が死んだ場合はどういうことになるんだろう。

Qさん　もし、私の〈主観的視点〉の存在が私の身体の存在に依存しているなら、私の身体が死ぬとき、私の〈主観的視点〉も消滅する。

Sくん　そのとき、この上位システム自体はどうなるの？

Qさん　う～ん、残る可能性もあると思う。

T先生　そうだね。ある上位システムに複数の身体が構成要素として含まれている場合、**一つの身体が消滅したからといって、すぐにその上位システム全体が消滅するとは限らない**ね。

Sくん　そしたら、もし僕が死んで僕の〈主観的視点〉が消滅しても、QさんやT先生にとって〈Sの心〉は存在し続けてもいいことになりますよね。

T先生　なるほど。S君の身体がなくても、上位システムの残りの部分によって〈S君の心〉が支えられるかもしれない、ということだね。

Sくん　僕は死んだ祖母が今もどこかにいるような気がしています。でも、自分自身は死んだあと消えてなくなると思っています。このことをT先生から「矛盾している」って言われましたけど（「第一部」冒頭）、Qさんの考えが正しかったら、僕は**矛盾していない**ことになりませんか。

T先生　どうして？

Sくん　Qさんの考えによれば、僕と祖母を構成要素とする上位システムの中に〈僕にとっての、祖母の心〉は存在しています。たとえ祖母の身体が死んで〈祖母にとっての、祖母の心〉が消滅しても、この上位システムが残っている限り、〈僕にとっての、祖母の心〉は存在し続けることになります。

T先生　それは単なる「思い出」としてではなく？

Sくん　**単なる「思い出」じゃない**です。というのは、祖母の身体が生きているときから、〈僕にとっての、祖母の心〉は、この上位システムの構成要素として存在していたからです。そして、この上位システムが、祖母の身体が死んだ後も存在し続けるということです。

T先生　なるほど。

Sくん　それに加えて、祖母が住んでいた部屋や使っていた道具、いつも見ていた庭も、この上位システムの構成要素なんじゃないでしょうか。

T先生　なるほど。〈心〉が〈身体と環境の両方から構成されたシステム〉の持つ機能であるなら、「環境」の中にはそれらのものも含まれるはずだね。

Sくん 良寛さんの歌みたいに、それらのものが祖母の形見になるのは、それらが上位システムの構成要素だからということになりますね。

Qさん ほら、私の考えもけっこういいでしょ。

Sくん そうだね。いいね。

T先生 Qさんが言うように、心の正体が〈関係〉であるなら、死は「関係の分解」を意味する。身体が死ぬことは、身体というまとまりをなしていた物質がばらばらに分解することだけど、心の正体である〈関係〉が、本人の身体だけでなく、〈周囲の環境との関係〉も含んでいるなら、身体の分解によって、ただちに〈関係〉の全体が分解するとは限らない。

Qさん 〈関係〉の構成要素が残る限り、**〈関係〉は部分的に残る**はずですね。

Sくん 〈関係〉の構成要素の中には、形見になるものもあれば、他の人間も含まれるということですよね。

Qさん ただし、もし私の主観的視点の存在が私の身体の存在に依存しているなら、私の身体の分解とともに、私の〈主観的視点〉は消滅します。しかし、それでも他の人にとっての〈Qの心〉は存在し続けることになります。

T先生 なるほど。**〈主観的視点〉は消滅し、〈心〉は残存する……**。いやあ、Qさんの

「関係としての心」という考えはおもしろいね。

Qさん ついさっき思いついたばかりの考えですけど。

T先生 もちろん、もっと検討する必要はある。特に、本当に、〈心〉が〈身体と環境の両方から構成されたシステム〉の持つ機能であるかどうか、そして、その「環境」の中に「他人」も含めて考えてよいかどうか。これらの点についてはよく検討してみる必要があるよ。

Qさん はい、もう一度よく考えてみます。

まとめ

❖「**死ぬと自然の中に広がって溶け込む**」という死生観は、「千の風になって」という歌、良寛の和歌、村上鬼城(きじょう)の俳句、『100万回生きたねこ』という本、高見順(たかみじゅん)の「帰る旅」という詩などに現れている。

❖**〈脳・神経・感覚器官・筋肉〉と〈周囲の環境〉を合わせた全体**が

一つのシステムを構成し、このシステムの持つ機能が〈心〉である。

❖〈周囲の環境〉の中に他人の身体も含まれる。
すなわち、複数の〈脳・神経・感覚器官・筋肉〉を含む**上位システム**が存在する。

❖**〈心〉は関係から生まれる。**脳の一千億個の神経細胞どうしの関係から〈心〉が生まれるように、複数の脳どうしの関係からも〈心〉が生まれる。

❖同じ一つの上位システム内に一人称の心（主観的視点）と二人称の心（他人の心）が重なって存在している。

❖私の身体の分解とともに、**〈私の主観的視点〉は消滅**するかもしれない。
しかし、上位システムは残存し、他人にとって**私の〈心〉は残存**しうる。

T先生　さあ、これで「死んだらどうなるのか」ということについて六つのパターンを全部説明したよ。

Sくん　説明してくださったT先生には悪いですけど、僕自身にとって「これは絶対に間違いない」と言えるほど確かなことは結局分からなかったような気がします。

T先生　死について、確かなことは誰も知らないんだ。それでも、人間は大昔から必死に考えてきた。愛する者と死別する悲しみは昔も今も変わらない。その悲しみの中で、「あの人はどうなったのだろう。今どうしているのだろう」って、人間はどうしても考えてしまう。

Sくん　僕も「亡くなった祖母はどうなったのだろう」って考えます。

T先生　そして、身近な人の死と接する経験をいくつも重ねていくと、今度は、「自分もいつか必ず死ぬ」ということが、だんだん実感されてくる。

Qさん　T先生もそうですか。

T先生　そうだね。初めて自分の死を実感したのは、父親が死んだ半年くらいあとだった。父が死んだとき、私はもう大人になっていたんだけど、はじめは「親の死」という事実がまったく信じられなかったよ。物心ついたときから、そばにいるのが当たり前の存在だったからね。「いなくなる」というのがまったく理解できなかった。よく葬式で幼児が「死」の意味を理解できなくて、棺をのぞきこんで「おじいちゃん眠ってるの？」と言ったりするけど、父親が死んだときの私の心の中は幼児と同じだった。大人になっていたから、理屈では分かっているんだけど、気持ちは全然ついていかなかった。たとえば、父の知り合いから「お父さんはこんな人だったよ」と聞かされるとイラッとしていた。

Qさん なぜイラッとしたんですか。

T先生 「こんな人だった」と過去形で話すのが気に入らなかったのさ。こちらにとっては、まったく過去の存在じゃないからね。「なぜ現在形で話さないんだ」と内心思っていたよ。口には出さなかったけど。親に死なれて、初めて、「今まで自分は『親は死なない』と思っていたんだな」ということに気づいたんだ。

Sくん 僕も祖母を亡くして、それまで自分が祖母の死を実感として考えたことがなかったことに、初めて気づきました。

T先生 父親が死んでから日数が経つうちに、だんだん父親の死を受け入れていった。そして、半年くらい経ったときのことだった。よく覚えている。布団の上に寝転がって天井を見ながら、死んだ父のことを考えていた。そしたら、突然、気づいたんだ。「あ、自分も同じようにいつか死ぬんだ」とね。思わず怖くなったよ。自分の死を現実のこととして実感したのは、このときが初めてだった。もちろん「人間は死ぬ」という一般論としての知識は持っていたよ。でも、「人間は死ぬ」ということと「自分が死ぬ」ということとの間には、ものすごく大きな距離があるんだね。「人間は死ぬ。自分は人間だ。したがって、自分は死ぬ」というのは、「三段論法」という初歩的な推論なんだけど、理屈と実感は別なんだね。

Sくん　T先生は、自分の死を実感して、何か変わりましたか。

T先生　変わったと言えば、変わったかな。「後悔しない人生を送りたい」「人生を味わい尽くしたい」という気持ちがいちだんと強くなったね。

Qさん　「いちだんと強くなった」というのは、前からそういう気持ちだったということですか。

T先生　うん、そうだよ。哲学という道を選んだのも、自分が一番やりたいことをやらずに人生を送るのが嫌だったからだよ。他の人からは「どうして哲学なんかを選んだんだ」と思われたみたいだけどね。

Sくん　自分の死を実感して、そういう気持ちがさらに強くなったんですね。

T先生　そうだね。「生きている」とは、「今生きている」ということであり、「人生を味わう」とは、「〈今〉を味わう」ということだ。だから、「死とは、〈今〉を喪失すること だ」と言えるかもしれないね。そもそも**〈今〉抜きでは、生も死もありふれた出来事にすぎなくなる**んじゃないかな。

Qさん　死とは〈今〉の喪失……。死って結局、何なのでしょう？

T先生　人間は大昔から死について必死に考えてきたけど、みんなが納得できるような決定的な答えはまだ誰も知らない。だから、S君やQさんも、これまでに人間が得たさまざまな考え方を参考にして、自分の頭で考えるしかないよ。もちろん私自身もだ。私に残された年数があとどのくらいなのか分からないけど、行けるところまで行きたいと思ってる。二人と話して、いろんなヒントが得られたよ。楽しかった。ありがとう。

Sくん　僕も、死についてこんなに集中的に考えたのは初めてでした。いろいろな話題が出て、まだよく理解できていないところもありますけど、自分でも考えてみたいと思います。

Qさん　私は途中参加でしたが、言いたいことがだいたい全部言えたので、よかったです。T先生は「上の立場から教える」という態度じゃないから、自由な対話ができて充実した時間が過ごせました。

T先生　うん、もともと哲学は人に教えることができるものじゃないからね。各人が自分の頭で考えるのを助けることぐらいしかできないんだ。哲学が扱う問題はどれも、とてつもなく難しい。「私は答えを知っている」と自称する人がいたら、「哲学者」としては信用しない方がいいよ。それじゃ、S君もQさんも元気で。また会いましょう。

Sくん　はい、また来ます。さようなら。

Qさん　また議論するのを楽しみにしてます。さようなら。

T先生　さようなら。

あとがき

身近な人間の死は衝撃である。私の場合、父親の死が最初の衝撃であり、その後、母親の死、おじおばたちの死が続いた。最近は、子どものころテレビで観ていた有名人が老いて死んでいくニュースを聞くことが多くなった。年齢を重ねるとともに、「誰も死から逃れることはできない」ということをますます実感している。

作家の井上靖（一九〇七〜一九九一）が書いたエッセイに、父親の葬儀の夜、死んだばかりの父親と想像上の会話を交わすものがある。

——（略）何か言って下さい。私に言い遺しておくことはありませんか。

——ないね。あるとすれば、ひとつだね。お前は若い若いと思っているだろうが、わしが居なくなると、次はお前の番だな。今まで衝立になって、死が見えないようにお前をかばっていたが、もうわしが居なくなったからね。まだ親父が生きているんだからというような考え方はもうできない。

——気付いていますよ。見晴らしが利いて、死の海面までいやに風通しがよくなっています。

（「父」『過ぎ去りし日々』『日本の名随筆49　父』）

二十八歳で父親に死なれたときの私の心境もこれと同じであり、「自分もいつか死ぬ」ということを初めて自覚するようになった。その後、死の問題はいつも頭の片隅(かたすみ)にあったが、「死とは何か」「死んだらどうなるのか」について確かな結論は得られないまま六十歳を過ぎてしまった。今の自分は死について何が分かっていて、何が分かっていないのか。このことをはっきりさせたいと思った。そうすれば、自分の考えが前に進むかもしれない。さらに、同じようなことを考えている人の役に立つかもしれない。そんな気持ちで本書に取り組んだ。

哲学の難問の一つである「心身問題」は現代においても未解決のままである。ただ、現代では、自然科学のステータスが高く、哲学者の間でも、自然科学的な世界観（物質一元論）を当然の前提として心身問題について考える人が多くなっている。自然科学的な世界観のもとでは、「世界には物質しかなく、非物質としての魂のようなものはない」ということになる。しかし、他方で、葬式や法事に出席するとき、そんな世界観は忘れたようなふりをして、死者に話しかける人もいる。世間の習慣に妥協して、使い分けをしているのだろうか。哲学者がそのような使い分けをするのは不誠実だと私は思う。

科学的な考え方と宗教的な考え方の間で引き裂かれているのが私たちの現状だろう。多くの人はどちらにも徹底できずに生きているのではないだろうか。私自身もそうだ。本書では、私たちのそのような現状から目をそらさないように心がけた。それゆえ、本書では、「まず、自分の中にどんな死生観があるのかを意識化し、次に、それらの死生観が前提にしている考え方を理詰めで吟味する」という作業をおこなったのである。哲学の難問に簡単な答えはない。読者の皆さんは、本書の対話をヒントにして、さらに思索を進めていって欲しい。

ところで、本書では哲学の専門用語をほとんど使わなかったが、その理由を述べておきたい。第一に、「専門用語を知ったら、理解した気になる」という落とし穴に読者が落ちて欲しくないからである。哲学を学び始めたころの私自身のことでもあるのだが、専門書に毎日触れていると、本当はあまり理解できていなくても、専門用語を操って他人と議論できるようになる。そして、自分でも理解しているつもりになってしまう。しかし、「専門用語を操る」ことと「ことがらそのものを理解する」ことは、別のことだ。後者は前者よりもずっと困難な課題である。

第二に、実は、専門用語の意味に関して研究者の間で理解の微妙なずれがあるからである。たとえば、本書の第七章や第八章を読んで「クオリア」や「機能主義」という用語を思い浮かべた読者がいるかもしれない。しかし、「クオリアとは何か」、「機能とは何か」ということに関して研究者の間に合意があるわけではない。本書では「用語の解釈に関する議論」という遠回りをしたくなかったのだ。

要するに、私は本書で「ことがらそのものを素手で直接論じる」という姿勢を貫くように努めたのである。もちろん専門的な研究から学べることは多いが、それも、このような姿勢で取り組む覚悟があった上での話である。

本書の刊行にあたって、亜紀書房の編集者である内藤寛氏に大変お世話になった。哲学徒である氏との共同作業は楽しかった。心から感謝したい。

二〇一九年七月

伊佐敷隆弘

❖ 読書案内

本書を読んで「さらにくわしく知りたい。もっと考えたい」と思った読者のために、参考になる文献を三十点ほど紹介する（一般の書店で手に入れにくい本も数点含まれるが、それらは図書館や古書店で探してほしい）。

第一部

日本人の死生観のさまざまな源泉

［1］伊佐敷隆弘「日本における「死後の生」の四つの類型――因果応報の観点から」『宮崎大学教育文化学部紀要』第二十六巻、宮崎大学、二〇一二年、一～二十一頁。（宮崎大学附属図書館の「リポジトリ」のページで読める）

＊

［1］は、日本人の死生観を「因果応報」という観点から（すなわち、「因果応報の有無」「個人単位か家単位か」「一回限りか複数回か」という観点から）四つに分類している。本書第一部の内容をくわしく論じたものである。

第一章　生まれ変わりと不死の生――輪廻と往生

［1］源信『往生要集 全現代語訳』川崎庸之ほか訳、講談社学術文庫、二〇一八年。

［2］中村元『往生要集を読む』講談社学術文庫、二〇一三年。

＊

輪廻と往生については、源信が書いた『往生要集』をまず読むべきである。『往生要集』冒頭にある地獄の描写は、日本人の地獄のイメージを決定付けた。現代語訳がいくつか出版されているが、現時点で最も入手しやすいのは［1］だろう。［2］は『往生要集』の解説書である。『往生要集』の中で引用されている経典をサンスクリット原文と比較したり、仏教以前のインド思想に言及したりするなど、くわしい解説がなされている。

第二章　山の上から子孫を見守る――盆という習慣

［1］柳田国男『先祖の話』角川ソフィア文庫、二〇一三年。

[2]『柳田國男全集13』ちくま文庫、一九九〇年。
[3] 赤松孝章「「盂蘭盆」考」『高松大学紀要』第三十三号、二〇〇〇年、一〜十一頁。(高松大学附属図書館の「学内出版物」のページで読める)

＊

[1]には、「死者の魂は近くの山の上からいつも子孫を見守っている」という死生観がくわしく述べられている。[2]には、「先祖の話」の他に、同じ死生観をもっと簡潔に述べた「魂の行くえ」や、民俗学の方法論を論じた「神道と民俗学」などが収められている。[3]には「盂蘭盆経」の本文(漢文)と日本語訳が含まれる。

第三章　子孫の命の中に生き続ける
——儒教における「生命の連続体」としての家

[1] 加地伸行『儒教とは何か』中公新書、二〇一五年。
[2] 滋賀秀三『中国家族法の原理』創文社、一九六七年。
[3] 金泰虎「日韓社会の人生儀礼における「祭」とその始まり——前近代の状況を踏まえて」『言語と文化』第十四巻、一五九〜一七八頁、二〇一〇年。(甲南大学図書館の「機関リポジトリ」のページで読める)

＊

[1]は、儒教の中心に「自己の生命とは、実は父の生命であり、祖父の生命である」という生命論があると主張する。[2]も、父と子の間に「一つの生命の連続」を見ることが中国人の人生観の基本であったと主張し、儒教における養子制度についてくわしく論じている。[3]は、儒教における先祖祭祀の具体的なあり方についてくわしく報告している。

第四章　一度きりの人生
——キリスト教における天国と地獄

[1] エティエンヌ・ジルソンほか『アウグスティヌスとトマス・アクィナス』服部英次郎ほか訳、みすず書房、二〇一七年。
[2] アウグスティヌス『告白III』山田晶訳、中公文庫、二〇一四年。
[3] トマス・アクィナス『神学大全I』山田晶訳、中公クラシックス、二〇一四年。
[4] 伊佐敷隆弘「どこへも向かわない時間と〈今ここ〉の意味」『時間様相の形而上学——現在・過

去・未来とは何か』第八章、勁草書房、二〇一〇年。

＊

キリスト教について理論的に知るには、アウグスティヌスとトマス・アクィナスの著作を読むのが最適である。［1］はふたりの哲学の解説書として優れている。［2］の第十一巻第十三章は、「時間は神によって創造された」と主張する。［3］の第一部第一〇問第四項は、「永遠は時間と異なる」と主張する。［4］はアウグスティヌスを取り上げ、キリスト教の時間論の特徴を明らかにしている。

第五章　日本の文化は雑食性か

［1］O・クルマン『クリスマスの起源』土岐健治ほか訳、教文館、二〇〇六年。

［2］アンソニー・F・アヴェニ『ヨーロッパ祝祭日の謎を解く』勝貴子訳、創元社、二〇〇六年。

［3］山形孝夫『聖母マリア崇拝の謎――「見えない宗教」の人類学』河出ブックス、二〇一〇年。

＊

［1］はクリスマスとミトラス教の関係をくわしく論じている。［2］はクリスマスやハロウィーンなどの起源を世界中の古代以来の祝祭と関連付けて説明している。［3］は、宗教人類学の立場から、聖母マリア崇拝の根源に古代以来の地母神信仰があると主張する。

第二部　心身問題を考える

［1］信原幸弘編『心の哲学――新時代の心の科学をめぐる哲学の問い』新曜社、二〇一七年。

［2］山口裕之『認知哲学――心と脳のエピステモロジー』新曜社、二〇〇九年。

［3］スティーブン・プリースト『心と身体の哲学』河野哲也ほか訳、勁草書房、一九九九年。

＊

［1］は現代の英米系の哲学における「心身問題」「志向性・意識・自我」「心の科学と哲学」に関するさまざまなトピックを概観するのに適している。なお、「心の科学」とは人工知能学や脳科学のことである。［2］は心の科学との関連に重点をおいて心について

考察している。[3]は、「心身二元論」「論理的行動主義」「観念論」「唯物論」「機能主義」「二面説」「現象学」など、心の哲学における古代から現代にいたるさまざまな学説を紹介している。

第六章 魂の存在を証明できるか——デカルトの試み

[1] デカルト『省察』山田弘明訳、ちくま学芸文庫、二〇〇六年。

[2] 伊佐敷隆弘「心は身体ぬきで存在できるか」『宮崎大学教育文化学部紀要』第二十五巻、宮崎大学、二〇一一年、一～十七頁。(宮崎大学附属図書館の「リポジトリ」のページで読める)

[3] 三浦俊彦『可能世界の哲学——「存在」と「自己」を考える』二見文庫、二〇一七年。

＊

「身体がなくても心は存在できる」というデカルトの証明をくわしく知るには、デカルトの主著である[1]を読むのが最適である。この本は臨場感にあふれ、「哲学的考察のドキュメンタリー」と呼ぶことができる。デカルトの主張に賛成するにせよ、反対するにせよ、哲学に興味のある人が一度は読むべき本である。[2]は「デカルトの証明は成功していない」と主張する。[3]は「可能世界」概念についての入門書として優れている。

第七章 世界が物質だけなら心はどこにあるのか——自然科学と心のゆくえ

[1] 茂木健一郎『心を生みだす脳のシステム——「私」というミステリー』NHKブックス、二〇〇一年。

[2] デイヴィッド・J・チャーマーズ『意識の諸相』上・下、太田紘史ほか訳、春秋社、二〇一六年。

＊

主観的視点の問題を、[1]は「クオリア」という概念を軸に論じている。茂木によれば、「クオリア」とは「主観的体験の中に感じられるさまざまな質感」のことである。[2]は、意識に関する問題のうち、計算論的メカニズムや神経メカニズムによって説明できる問題を「イージー・プロブレム」と呼び、意識の主観的側面(「現象的意識」「クオリア」)に関する問題を「ハード・プロブレム」と呼ぶ。そして、ハード・プロブレムの解決をめざしている。

第八章　死ぬのは私だ——私とは誰か

[1] 石黒浩『ロボットとは何か——人の心を映す鏡』講談社現代新書、二〇〇九年。
[2] 永井均『〈子ども〉のための哲学』講談社現代新書、一九九六年。
[3] 永井均『哲おじさんと学くん』日経プレミアシリーズ新書、二〇一四年。

＊

[1] は「人に心はなく、人は互いに心を持っていると信じているだけである」、「ロボットも心を持つことができる」と主張する。[2] は「なぜ悪いことをしてはいけないのか」と「なぜぼくは存在するのか」というふたつの問題を論じる。[3] は後者の問いを対話体で追究したものである。〈主観的視点〉の唯一性をめぐる問題が執拗に追究されている。

第九章　関係としての心——死んで自然に還る

[1] アンディ・クラーク『現れる存在——脳と身体と世界の再統合』池上高志ほか訳、NTT出版、二〇一二年。
[2] 河野哲也『環境に拡がる心——生態学的哲学の展望』勁草書房、二〇〇五年。
[3] J・J・ギブソン『生態学的視覚論——ヒトの知覚世界を探る』古崎敬ほか訳、サイエンス社、一九八六年。
[4] ユクスキュル&クリサート『生物から見た世界』日高敏隆ほか訳、岩波文庫、二〇〇五年。

＊

[1] は心を「脳・身体・世界からなるシステム」として捉える。ロボット工学や認知科学から豊富な具体例を挙げている。[2] は、ギブソンの生態学的心理学に依拠しつつ、心の分散性（心は脳の中ではなく、環境の中に拡散して存在している）や心の立脚性（心は身体に埋め込まれ、環境に立脚している）を主張する。[2] は [1] よりも哲学的な議論（「主体」「他者の心」「自由と決定論」など）を多く含む。ギブソンについては [3] によって知ることができる。[4] は「同じ場所にいても、それぞれの生物種はそれぞれ違う世界（環世界）を生きている」と主張する。豊富な実例と豊富なイラストが載せられている。

伊佐敷 隆弘　いさしき たかひろ

1956年、鹿児島市生まれ。

1994年、東京大学大学院人文科学研究科哲学専攻博士課程修了。

ヴィトゲンシュタイン研究（「言語と価値――ヴィトゲンシュタイン哲学の前期後期の連続性と不連続性」）で博士号取得。宮崎大学教育学部教授を経て、2014年から日本大学経済学部教授。専攻は哲学。

趣味：筋トレとストレッチ。

主な著書と論文

『時間様相の形而上学――現在・過去・未来とは何か』勁草書房、2010年。

「哲学者井上忠の生涯――若手研究者時代」日本大学経済学部『研究紀要』第86号、2018年、73～100頁。

「時間意識の誕生――人はどうやって時間を意識するようになるのか」信原幸弘編『時間・自己・物語』春秋社、2017年、109～141頁。

「何が記憶を一列に並べるのか？」平井靖史ほか編『ベルクソン「物質と記憶」を解剖する』書肆心水、2016年、252～269頁。

死んだらどうなるのか？

死生観をめぐる6つの哲学

2019年10月7日　初版第1刷発行

2024年6月6日　　　第3刷発行

著　　者　伊佐敷　隆弘

発 行 者　株式会社亜紀書房

〒101-0051　東京都千代田区神田神保町1-32

電話 (03)5280-0261

振替 00100-9-144037

http://www.akishobo.com

装　　丁　寄藤文平＋古屋郁美（文平銀座）

イラスト　和果桃子

D T P　コトモモ社

印刷・製本　株式会社トライ　http://www.try-sky.com

Printed in Japan

乱丁本・落丁本はお取り替えいたします。

ありがとうもごめんなさいもいらない森の民と暮らして人類学者が考えたこと

奥野克巳

ボルネオ島の狩猟採集民「プナン」とのフィールドワークから見えてきたこと。豊かさ、自由、幸せとは何かを根っこから問い直す、刺激に満ちた人類学エッセイ。

1800円＋税

夢ひらく彼方へ
――ファンタジーの周辺（上下巻）

渡辺京二

別の世（アナザワールド）への絶えざる郷愁と渇望。現実からの逃避か、神に代わっての世界の創造か――『ナルニア国物語』『指輪物語』『ゲド戦記』をはじめとするファンタジーや、物語の源流となる『アーサー王物語』『エッダとサガ』などの古典や伝説などを、『逝きし世の面影』で名高い評論家が読み解く。

1700円＋税